COMO ME TORNEI O AMOR DA MINHA VIDA

GUILHERME PINTTO

COMO ME TORNEI O AMOR DA MINHA VIDA

Copyright © Guilherme Pintto, 2020
Copyright © Editora Planeta do Brasil, 2020
Todos os direitos reservados.

PREPARAÇÃO: Departamento editorial da Editora Planeta
REVISÃO: Fernanda França e Laura Vecchioli
DIAGRAMAÇÃO: Nine Editorial
CAPA E ILUSTRAÇÃO DE CAPA: Filipa Damião Pinto | Foresti Design
ILUSTRAÇÕES DE MIOLO: Elivelton Reichert

DADOS INTERNACIONAIS DE CATALOGAÇÃO NA PUBLICAÇÃO (CIP)
ANGÉLICA ILACQUA CRB-8/7057

Pintto, Guilherme
  Como me tornei o amor da minha vida / Guilherme Pintto. - São Paulo: Planeta, 2020.
  160p.

ISBN 978-65-5535-132-3

1. Não ficção 2. Autoestima 3. Autoconhecimento 4. Amor I. Título

20-2483   CDD 158.1

Índices para catálogo sistemático:
1. Não ficção

2021
Todos os direitos desta edição reservados à
EDITORA PLANETA DO BRASIL LTDA.
Rua Bela Cintra 986, 4º andar – Consolação
São Paulo – SP CEP 01415-002
www.planetadelivros.com.br
faleconosco@editoraplaneta.com.br

Este livro não é necessariamente *sobre mim, mas sobre o que fiz quando ninguém mais poderia. Precisei me amar, para, então, finalmente conseguir encontrar o amor que eu desesperadamente buscava do lado de fora.*

Todas as ilustrações que você irá ver aqui, foram feitas com afeto por um leitor.
Muito obrigado, Elivelton Reichert.

SUMÁRIO

PREFÁCIO 9
MINHA HISTÓRIA 23
COMECEI PELO BÁSICO..28
A PROCURA PELO *MATCH* PERFEITO 46
COMEÇANDO A OLHAR PARA DENTRO DE MIM. 57
QUANDO MINHA CONSCIÊNCIA NASCEU DA FRUSTRAÇÃO 62
MAS O QUE RESILIÊNCIA TEM A VER COM
AUTOESTIMA E AMOR-PRÓPRIO? 69
QUEM SOU EU DE VERDADE? 72
— EU CONHEÇO VOCÊ! MAS QUEM SOU EU?..............................79
QUANDO A MÁSCARA COMEÇOU A CAIR, O RECONHECIMENTO VEIO 85
O QUE EU FIZ PARA ME RECONHECER.. 89
QUEM EU REALMENTE GOSTARIA DE SER? 95
HORA DE PEDIR AJUDA 104
ONDE FUI PEDIR AJUDA 111
SENDO MEU MELHOR AMIGO 122
CONTINUAR CULTIVANDO O AMOR QUE SINTO POR MIM 136
UM NOVO RETRATO 142

PREFÁCIO

Assim que você abrir o *Como me tornei o amor da minha vida*, saiba que logo entrará em contato com tudo o que ele representa: o processo de resgatar em si próprio aquilo que costumamos buscar, a todo custo, em outros. Quantas vezes em nossas experiências o sentimento que bate à porta é o de não ter valor suficiente? De não ser digno(a) de ser amado (a)? De não ser uma pessoa capaz, mesmo quando se esforça? Em tantos momentos, perdemos a voz do nosso valor quando estamos frente a frente com situações específicas, gatilhos de nossa história. Elas vão fazendo parte da nossa rotina de desgaste de amor-próprio. Aos poucos, deixamos de estar atentos(as) e entramos em um modo automático de busca insana da aprovação das outras pessoas.

Sabendo disso, é dolorido notar que abdicamos de nós mesmos(as) para nos adaptarmos ao meio e para evitarmos a sensação de rejeição. Com frequência, buscamos em primeiro lugar a resposta e a validação do amor lá fora, que antes deveríamos nutrir por nós mesmos. O padrão é simplesmente incorporar aquilo que o externo avalia como uma representação de quem somos. Se essa percepção tem como base os(as) outros(as), como o amor-próprio poderia existir se está afastado dos nossos valores individuais?

Ao longo do texto, é inevitável que você se pergunte se está sendo tão autêntico(a) quanto gostaria de ser com sua família, com os(as) amigos(as) e em suas relações. O autor nos mostra com muito carinho (e em etapas que se desenrolam suavemente) que buscar seu valor com um foco enorme no externo vai provocar muita frustração; ele mostra que a sabedoria para se amar é construída em um espaço muitas vezes desconhecido – porém possível de acessar –, escondido em nós!

Deixando evidente que o amor-próprio não é investir em si de forma egoísta (ou um exagerar na dose de amor em si), o livro demonstra que ele é, na verdade, o nosso óculos pelo qual vemos o mundo, as outras pessoas, as relações e o futuro; e que em diversos momentos vamos confirmando ou negando as situações em que o amor-próprio é colocado em cheque, baseado na visão interna que já armazenamos sobre ele.

Gui Pintto nos dá a reflexão de que, para acessar a própria identidade de uma forma responsável, realista e autêntica, antes precisamos reconhecer em que ponto abrimos mão de cuidar do nosso eu. Sabendo que ser espontâneo não é agir sem filtro, ele propõe que possamos buscar nosso eu mantendo a coletividade e sabendo que precisamos muito da contribuição de outras pessoas para que isso ocorra. Descobrimos que a estrada, nessa busca, terá participantes significativos e que necessidades básicas para sobreviver devem ser supridas; aí, nota-se o cuidado do escritor com as vulnerabilidades de grupos marginalizados e sem apoio social. Tendo isso em mente, ele destaca que o esforço para o amor-próprio tem como protagonista você mesmo – daí a importância de criar a própria história quando se sentir capaz, confortável e em condições mínimas para iniciar esse processo.

Ao longo da leitura, vemos experiências do autor: o peso de uma infância repleta de dificuldades e a sua esperança como força motivadora para suportar os traumas. Conforme acompanhamos sua história, é provável que você perceba através do autor que as lembranças de sofrimento (e tudo aquilo que não queremos reviver) servem como a base do propósito de continuarmos nesse caminho de desenvolvimento, mesmo com as dificuldades e as limitações que vamos reconhecendo na jornada.

O processo dele é uma fonte de inspiração muito próxima a nós, tamanha a vulnerabilidade que ele compartilha de suas dores, experiências, traumas – com um mix de altos e baixos. Por vezes nos vemos na escrita e nas situações que ele descreve, e em outras conseguimos anexar nós mesmos nas reflexões.

Como terapeuta, sei da importância da demonstração de fragilidades do profissional como um recurso para ajudar o(a) paciente. Se colocar vulnerável através de um ato de autorrevelação do(a) psicólogo(a) é, inclusive, uma estratégia de mudança muito efetiva na psicoterapia: ela permite que as pessoas se vejam tão humanas quanto outras, principalmente porque é de costume idealizar o(a) terapeuta. Quando vemos um comunicador com tanto alcance quanto o Gui permitindo que a sua história seja usada como fonte de inspiração e trabalho, sabemos que um dos efeitos nos(as) leitores(as) será o de diminuir o sentimento de isolamento – aquele desconforto de que se está sozinho(a) com os próprios demônios internos. Se ver no outro e, a partir dele, se sentir acompanhado em uma estrada tortuosa é reconfortante e uma evidente forma de se sentir acompanhado, e este é um presente que ele nos dá de forma despretensiosa.

Para a felicidade dos(as) leitores(as), é evidente que aqui temos um relato que pode servir também para inspirar um processo de construção em outras pessoas, sabendo do período de cada um. O mais interessante é que o autor não transmite qualquer propósito de fazer isso, ainda que provoque esse efeito. Com ele, é impossível não concluir que, para investir nas relações que tanto queremos com outras pessoas, precisamos sobretudo investir antes em nós mesmos. Esse é o *start*.

O autor detalha conceitos importantíssimos ao tema do amor-próprio, trazendo um fácil entendimento, de forma objetiva e responsável. Os capítulos se encaixam tão facilmente um ao outro, como se o autor pudesse escutar aquilo que desejamos desbravar no próximo. Eles simplesmente refletem a construção longa e tortuosa do cuidado que ele teve consigo, com uma representação exata de que, apesar de não seguir um caminho linear, essa será uma estrada que por fim fará muito sentido. O caminho, conforme o Gui nos mostra, tem reviravoltas, diferentes estratégias efetivas e inefetivas para cada momento e diferentes pessoas que contribuem de uma forma muito especial. As ilustrações que antecipam a escrita do Gui criam um efeito de você se projetar e ali enxergar a si mesmo, adaptando os próprios detalhes de sua história.

Enquanto lia, me vi nu revendo a minha construção de amor-próprio. Me dei conta do quanto existem áreas em mim que permanecem baseadas naquilo que o externo diz e do quanto continuava a negar que elas pudessem estar pulsando nos meus relacionamentos amorosos. Me vi numa triste posição em que me permito frequentemente ser escolhido, em vez de também escolher. É inevitável ver, à medida que o Gui se mostra vulnerável, que somos muito dependentes daquilo que nos dizem, da forma como nos observam – especialmente em momentos-chave da vida. É um esforço tão grande pra promover essa mudança que o autor acaba por inspirar esse cuidado – e de forma extremamente distante da positividade tóxica; ele propõe um desenvolvimento profundo, genuíno, com base na história de sofrimento e bem-estar de cada pessoa, em diferentes formatos de cuidado que podemos estabelecer.

Em um determinado momento, quando o Gui aprofunda a discussão do tema "relacionamentos", logo se vê que em seus diversos formatos negativos há com frequência um certo padrão negativo, quando "escolhemos" um mesmo perfil disfuncional de pessoa. É nele que moram muitas relações abusivas; e, por mais absurdo que seja, são as relações que somos capazes de experimentar em muitos momentos. O autor nos propõe uma autoconscientização durante essas relações e, sobretudo, que tenhamos em mente que ainda que não possamos evitar muitas dessas experiências dolorosas, então que deixemos que elas derivem em reflexões para mudanças nas próximas – como ele próprio o fez. Às vezes, conforme o Gui ressalta, esse processo de transformação ocorre com muita dor e somente a partir dessas relações.

Me encantou que, diferentemente de muitas discussões sobre esse tema, o Gui estimula que entremos em contato com a dor; ele não dá fórmulas e sequer se pretende a esse papel. Contando de si, ele estimula que o processo seja genuíno em cada um e reforça que, para isso, precisamos sobretudo olhar para nós mesmos com crítica e cordialidade. Isso me levou a concluir que, por mais doloroso que seja, uma forma de processar e encontrar sentido para a dor é atravessá-la, como ele próprio o fez; e que a compaixão e o perdão consigo mesmo é uma grande forma de se iniciar esse processo. Em momentos-chave fazemos sínteses significativas dos aprendizados, e isso nos renova. As mudanças são a representação do que buscamos, de onde e de como fizemos isso. E é tão revigorante perceber ao longo do texto que se questionar a cada ciclo é uma grande forma de cuidar de si, para também suprir em parte suas necessidades emocionais. Se nossa história de vida não nos ofereceu o devido cuidado para nos proteger das relações danosas, que busquemos esse crescimento de maneira saudável em outras ocasiões.

O amor-próprio, conforme o Gui ensina, não é egoísmo – tampouco uma ferramenta para arrogância. Ele é um pilar que precisa estar em equilíbrio com tantos outros. E para isso é fundamental se permitir ficar vulnerável e abrir mão de um excesso de idealização sobre quem devemos ser e sobre quem gostaríamos que nossos(as) parceiros(as) fossem. Com muitas reflexões, o(a) leitor(a) vai perceber que a idealização nos limita a compreensão de que as falhas são parte do processo e essenciais para se fortificar um vínculo verdadeiro em um relacionamento, por exemplo. Logo, amar a si mesmo não é simplesmente investir em si de forma cega e autocentrada. Representa particularmente dedicar a atenção a si e cuidar das próprias feridas independentemente do cuidado que venha do externo. Essa é uma ferramenta para construir a capacidade de estabelecer a reciprocidade que um amor romântico genuíno exige.

Com o conforto dessa leitura repleta de questionamentos, me vi pensando tanto em como venho vivendo.

Na vida, quando não sabemos quanto tempo temos, nem sempre buscamos momentos de amor com nós mesmos. Com a sensibilidade que o Gui naturalmente inspirou, descobri nesse processo que, aonde quer que você vá, são os momentos de amor-próprio que permanecem registrados, mesmo quando você os finaliza; e que, por mais clichê que soe, recebemos aquilo que temos a intenção de dar, cedo ou tarde. Em um determinado momento da leitura, me dei conta de que passamos a valorizar tanto as possibilidades da vida quando o tempo para executá-las se torna escasso, que aí ser autêntico consigo mesmo deixa de ser uma escolha para se tornar uma urgência.

Eu não quero chegar a esse extremo. Acredito que você, leitor(a), também não. Me senti tão contemplado por ter a possibilidade de fazer isso continuamente e por estar em desenvolvimento do meu amor-próprio, cuidando do meu eu. Espero que este livro possa inspirar vocês como a mim, sem que tenhamos que sempre passar por situações tão dolorosas pra reconhecer a importância de amar a si mesmo e lutar para construir o amor em nós. Que sejamos inundados pelo desenvolvimento constante desse amor nesse livro!

Jean Ícaro
Mestre em Psicologia Social

É amplamente reconhecido pela literatura científica que existe uma estreita correlação entre experiências traumáticas na infância e diversas dificuldades emocionais. Além disso, sabe-se que a base da autoestima é construída essencialmente nessa fase da vida. A criança maltratada permanece viva e em sofrimento dentro do adulto, buscando, muitas vezes, no meio externo, formas de consolá-la, geralmente por meio de estratégias pouco saudáveis, como, por exemplo, o vitimismo em busca de atenção e cuidado, a submissão a relacionamentos tóxicos, o sacrifício das necessidades pessoais em busca de reconhecimento e aprovação.

Guilherme Pintto narra neste livro, de forma autêntica e muito sensível, a história de uma criança ferida e de um adulto que precisou aprender a buscar dentro de si a forma mais eficaz de acolher e cuidar das cicatrizes desse menino: o seu verdadeiro amor-próprio.

Durante a leitura é possível acompanhar a história dessa criança traumatizada e o nascimento de um adulto saudável que aprende a acolher seu lado vulnerável e a construir a autocompaixão. Além disso, o autor relata as diferentes estratégias utilizadas por ele durante esse processo.

Este livro não é um guia prático e genérico de autoajuda para construção da autoestima, mas sim uma história verídica de sobrevivência e aprendizado, que proporciona momentos de reflexão e de inspiração para todos aqueles que, independentemente da idade, carregam dentro de si uma criança ferida, que não recebeu o amor, a atenção e o cuidado que necessitava e que hoje precisa preencher esse vazio através da longa jornada de construção do seu amor-próprio.

Maria Eugênia Korndörfer Copetti
Psicóloga

Talvez seja um livro destinado a quem precisa fazer as pazes consigo mesmo. Talvez seja um livro a quem sonha um dia se amar de verdade.

"Você, o seu ser, tanto quanto qualquer pessoa em todo o universo, merece o seu amor e sua afeição."

Buda

Antes eu pensava que a autoestima e o amor-próprio eram apenas sinônimos, mas quando passei a olhar para a minha vida e para o meu processo na luta de me sentir confortável dentro do meu corpo, acabei percebendo que eles são irmãos, coexistem no mesmo espaço e dependem um do outro para existirem, no entanto possuem funções diferentes. A maneira como construí minha autoestima sempre foi baseada no consumo. Não exclusivamente no material, mas em expectativas. No que eu poderia ser, na forma como poderia ser visto pelos outros. Aquela máxima de "devo parecer bem para estar bem" sempre me regeu inconscientemente, porém a pergunta que nunca me fiz foi: eu realmente me sinto bem? Aliás, é uma pergunta que dificilmente nos incentivam a fazer. Aguarde alguém elogiar sua aparência e "ouse" acolher o elogio para ver o que acontece.

A palavra "autoestima" sempre me soou fria, acadêmica, distante. "Ou você tem ou não tem." *Tá, mas quem não tem e sente que precisa, faz o quê? Começa por onde? Tem a ver com correr atrás de tudo aquilo de que sinto falta?* Pensava eu. Porque eu sentia. Sentia uma espécie de buraco, de tristeza. Não me reconhecia quando me olhava no vidro espelhado do banco indo para a escola. Tinha amigos que pareciam ter nascido com ela. Porém, não me passava pela cabeça como tinha sido a infância deles, jamais observei se eram minorias que estariam sendo alvo de *bullying* na adolescência, nunca parei para pensar sobre as especificidades da narrativa de vida de cada um.

Agora, a palavra "amor-próprio" sempre me trouxe conforto. Sempre me trouxe uma ideia de alívio, de convite, de reflexão. No início, pensei em substituir uma pela outra, mas comecei a perceber que eram de fato diferentes. O amor-próprio se trata de uma construção longa e contínua, envolvendo uma série de fatores a fim de estabelecermos uma relação de autocuidado para a vida. É um processo no qual se amar não acontece do dia para a noite, pois, assim como todo amor, requer tempo e intimidade. E como formiguinhas, vamos aos poucos nos construindo novamente. Passando por etapas difíceis, mas amparados pela ideia de que não perderemos tudo o que foi construído. Será nossa autoestima que sofrerá o impacto primeiramente, nos momentos de adversidade, flutuando, para baixo e para cima, contando com o amor-próprio para a revisão de autovalor e autocompaixão.

Para mim, ambos não são sinônimos, porém dependem um do outro para existirem.

MINHA HISTÓRIA

Eu cresci com um sentimento enorme de inadequação. Uma sensação ininterrupta de desconforto, como se eu tivesse a alma menor que o corpo. Como se ambos fossem de números diferentes; como se algo estivesse sobrando, não encaixando como deveria. Lembro de uma vez, em uma viagem de ônibus, em que me sentei ao lado da janela e começou a chover muito. A chuva forte esbofeteava meu rosto, molhando-me por inteiro, mas internamente, a visão de pedir ajuda para qualquer adulto fechar o vidro e se incomodar por isso era completamente apavorante.

Da infância até mais ou menos a adolescência, eu quase morria quando alguém olhava para mim. Era extremamente perturbador ser notado ou mover qualquer músculo além daqueles que eu precisava para existir. É engraçado como adquirimos habilidades ao longo da vida para que não nos notem: na sala de aula, baixando o olhar – esquivando-se de responder às perguntas –; no trabalho, cumprindo apenas o necessário; nos relacionamentos, ficando, muitas vezes, com quem com nos escolhe, quase nunca o contrário.

    Claro que embaixo de tudo isso sempre existiu um desejo interno de viver como as outras pessoas que eu considerava "normais", fluidas, leves. Mas o medo era muito mais forte que o desejo. E, naquela época, eu já tinha problemas demais com os quais lidar. Meu conforto se resumia em me desligar do mundo real para viajar nos pensamentos e invejar Harry Potter... Também queria um Dumbledore para me entregar a capa de invisibilidade deixada pelo meu pai. Meu verdadeiro sonho, naquela época, era ir me escondendo para sempre por aí.

    J. K. Rowling me salvava com *Harry Potter*. Passei anos sonhando com um lugar mágico daqueles. Eu sentia que existiam habilidades em mim que não eram ainda conhecidas. Habilidades boas que, ao serem aprimoradas, seriam valiosas para a vida. Queria uma carta, uma carona do Hagrid, alguém que me levasse para longe, onde eu pudesse ser eu mesmo. Aquela vontade era tão forte, tão lúdica em meus sonhos, que talvez nem Jung conseguisse interpretar.

    Minha infância e adolescência foram definitivamente difíceis. Infelizmente, como ainda é, pelo menos para 7% das crianças e adolescentes que compõem a estatística de violência doméstica no Brasil, das 14.985 ocorrências registradas no ano de 2018, noticiadas pelo Correio Braziliense. Presenciei todo espetáculo de horror, assistindo à minha mãe quase sendo vítima de feminicídio todos os dias durante quase dez anos. O cheiro de álcool vindo do ex-companheiro dominava o ambiente, fazendo a cabeça de uma mulher de 30 e pouco anos parecer uma bola de basquete quicando. E como se não bastasse todo cenário, eu também era vítima da violência física e do abuso moral, só que em segredo. O caos quase acabou comigo. Por anos. E, às vezes, uma vozinha ousa tentar.

Naquela época, eu não poderia contar que aos 6 anos de idade era estrangulado até ficar sem ar e jogado no chão quando começava a ficar roxo. Em hipótese alguma poderia desabafar com alguém sobre as agressões sem motivo nem reclamar do gelo que me queimava para diminuir os hematomas. Ai de mim se abrisse a boca para contar que a nossa comida quentinha (quando tínhamos) era jogada no lixo ou falar das inúmeras vezes que fomos expulsos de todas as casas pela falta de pagamento do aluguel, dos bancos gelados das delegacias, das torturas psicológicas que iam desde palavras de depravamento sexual até a insistência e o reforço tentando me comprovar diariamente que eu não era amado e que nunca seria suficientemente bom na vida ou para alguém.

O cheiro de podre do relacionamento abusivo, da depressão e da falta de amigos e da família (sucesso da estratégia do abusador) nos mantiveram reféns por anos, acreditando que existia um perigo muito maior do lado de fora. Quando você é criança, você é apenas criança. A única ferramenta quando não se tem informação é o instinto; e foi ao que mais nos agarramos. Mesmo sofrendo e ouvindo todas aquelas barbaridades todos os dias, eu ainda conseguia me conectar com o amor da minha mãe, com a esperança com que ela nos alimentava, dizendo que um dia iríamos sair dali e que seríamos muito felizes. O amor dela criava uma barreira protetora de toda aquela maldade em volta de nós. Não forte o suficiente para ser impenetrável, mas capaz de nos proteger sem entrarmos tanto em contato com a maldade. Toda noite, antes de ir dormir, eu marcava em uma estante branca o nosso nível de felicidade. O dia que alcançássemos o topo, seria, então, o grande dia.

Anos mais tarde, aos 13 anos, faltando alguns dias para o meu aniversário, contei tudo à minha mãe na madrugada, na casa da minha avó – aproveitando os raros momentos em que ficávamos sozinhos –, tudo o que eu havia passado e ainda passava durante anos. Após horas de choro que tentavam aliviar a culpa de uma mãe desolada, resolvemos montar um plano de fuga. Nosso amor estava ainda mais forte.

Na semana seguinte, conversamos com um amigo que tinha um caminhão, achamos uma casa que estava para alugar em frente aos trilhos, conversamos com o dono, explicando toda a situação e prometendo pagar o aluguel no mês seguinte e, para o nosso alívio, no dia 20 de outubro de 2005, dia do meu aniversário de 14 anos, concluímos nossa fuga, ganhando o maior presente que já ganhei na vida: a liberdade e a oportunidade de sorrir de novo.

Após o caminhão ir embora, já na casa nova, percebemos que a estante branca havia ficado para trás. Sentadinhos na porta de casa, assistindo ao sol se pôr, contemplando aquele grande passo em silêncio com os braços entrelaçados um no outro, concordamos pelo olhar que finalmente "o grande dia" havia chegado.

Entretanto, mal sabia eu que a minha história de amor-próprio começava ali.

COMECEI PELO BÁSICO

"Mas eu continuava viva, e a vida, com suas necessidades e dores e responsabilidades, me chamava. O fardo precisava ser carregado, as necessidades satisfeitas, o sofrimento enfrentado, as responsabilidades assumidas."

Jane Eyre, Charlotte Brontë

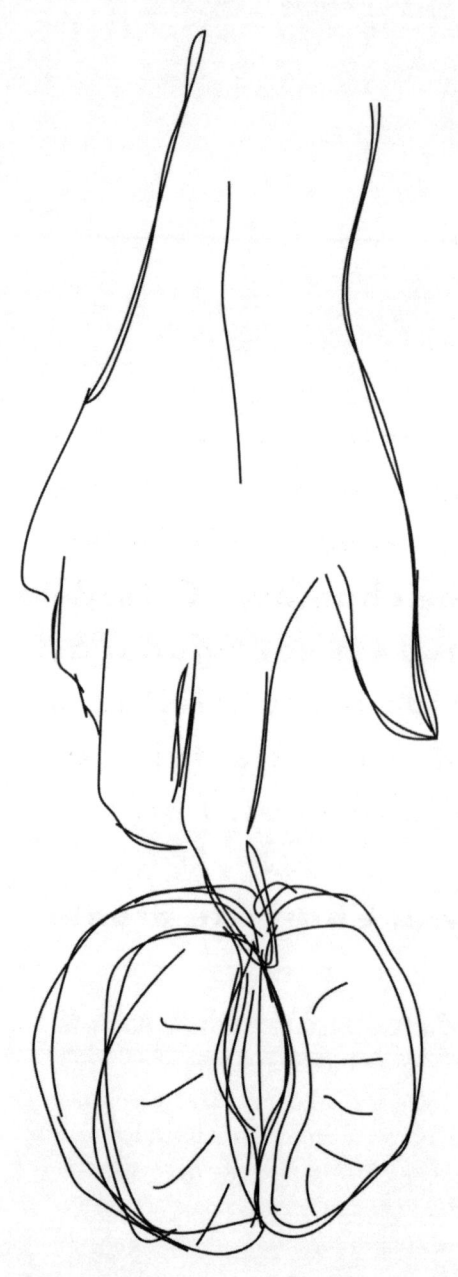

Uma pessoa bastante estudada por alunos de Administração e Psicologia é o Abraham H. Maslow. Esse cara foi um importante psicólogo americano dos anos 1950, responsável por criar a Pirâmide de Maslow, também conhecida como Hierarquia das necessidades de Maslow, com o propósito de tentar sistematizar quais são as condições necessárias para um indivíduo alcançar a realização pessoal. Para Maslow, essas necessidades seguem uma hierarquia, logo, para você conseguir avançar para a próxima estrutura da pirâmide, precisa ter suprido as anteriores.

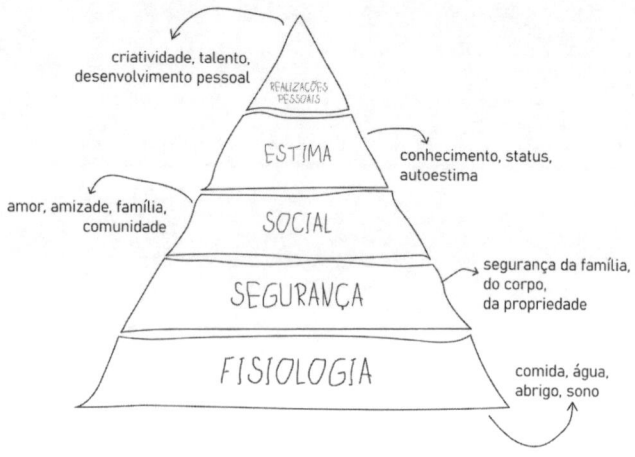

Ficava evidente para mim, olhando para a pirâmide e refletindo meus comportamentos no dia a dia, que eles são flutuantes, e não necessariamente iriam se manter em perfeita harmonia. Quando passei a entender que o processo da construção da autoestima e do amor-próprio começa, então, pelo mínimo, percebi que o olhar deveria estar voltado inicialmente para essas resoluções básicas... Como conseguir se alimentar de forma adequada, ter um espaço confortável e seguro para descansar, sentindo-se minimamente pertencente a um determinado grupo... Resumidamente, não dá para dizer que uma pessoa deve se amar se a sua barriga está roncando, por exemplo.

Pensando nisso, depois de algum tempo após meu aniversário de 14 anos, minha principal meta era conseguir suprir o necessário. Minha mãe, que teve a carreira de professora comprometida por uma série de boicotes no casamento abusivo, começou, com a ajuda dos amigos, a fazer faxina na casa de um e de outro. Como eu sou o filho mais velho, meu objetivo era estudar e trabalhar o mais rápido possível para auxiliar na renda familiar. Nesse momento, a questão psicológica inconscientemente pedia havia muito tempo ajuda, mas, por nem saber que eu precisava de suporte nessa parte, e por precisar correr atrás do que mais precisava no momento, eu necessitaria começar arrumando a "casa" pelo básico.

Semanas mais tarde estava eu me inscrevendo em um programa que insere jovens no mercado de trabalho. A seleção era acirrada, muita gente esperava meses por aquela semana, já que as vagas eram limitadíssimas e ofertavam grandes chances do aluno conquistar um trabalho legal em alguma empresa na cidade. Um dos pré-requisitos para efetuar a inscrição no programa era a carteira de trabalho que, naquela época, eu ainda não tinha.

Fui ao órgão responsável a semana inteira para tentar emitir o documento, mas sem sucesso. A procura era tão grande na cidade, que as pessoas chegavam à uma hora da manhã na fila, acampavam e até vendiam seus lugares. Era quase uma máfia! Mas, como eu precisava muito me inscrever para auxiliar minha mãe em casa, um plano foi preciso.

Na quinta-feira, no penúltimo dia de inscrição, cheguei às duas horas da tarde para ser atendido às oito horas da manhã do outro dia, obcecado pela ideia de conseguir. Esperei minha mãe trazer meu lanchinho enquanto morria de preocupação e passei o dia e a noite na porta do lugar observando tudo acontecer: a fila se formar, pessoas brigando no meio da rua, a TV local realizando uma matéria, alguns pais desesperados ao descobrirem que o número de fichas havia sido preenchido... Quando o relógio bateu oito horas da manhã, eu entrei, fiz meu pedido para a confecção da carteira, e às nove e meia estava fazendo minha inscrição, tentando não falar muito perto da mulher do programa, para ela não sentir meu bafinho matinal.

Duas semanas mais tarde, vestindo uma camisa mais larga que meu corpo, emprestada por uma pessoa trinta anos mais velha que eu, estava tremendo inteiro na frente do entrevistador, tentando responder qual animal eu seria. Nunca esqueço que o menino antes de mim falou que gostaria de ser uma fênix, pois apreciava a ideia de morrer e ressurgir das cinzas. Eu fiquei aterrorizado!!! Quem pensa em algo tão emblemático aos 15 anos? De onde eu tiraria tanta criatividade para ser melhor que a última expressão?

Mas, alguns dias mais tarde, após ver meu nome completo entre os 38 aprovados dos quase mil inscritos e achar que a minha terrível baixa autoestima teria me colocado para fora, percebi que o entrevistador enxergou autenticidade no meu caos.

Quem eu nunca mais vi foi o menino anterior.

A fênix não ressurgiu das cinzas naquela vez.

Depois da minha aprovação e com a vida se ajeitando aos poucos ao lado da minha família, novos comportamentos foram surgindo... Nem todos vieram nessa época, mas todos eles se mantêm até hoje comigo.

1
COMECEI ARRUMANDO A CAMA

Há um livro publicado no Brasil pela Editora Planeta chamado *Arrume sua cama*, escrito por William H. Mcraven. Durante a leitura você vai refletindo alguns dos ensinamentos mais importantes que Mcraven adquiriu ao longo dos seus 37 anos de carreira na marinha norte-americana. Parece óbvio, mas como todo óbvio também precisa ser dito (risos), dar importância para a realização dessa tarefa me traz até hoje a sensação de eficiência, de sentir que eu sou capaz de executar e terminar algo, por menor que seja, exatamente como o livro descreve. Gosto da ideia de começarmos o dia arrumando a própria cama, porque, ao final dele, mesmo que tenha sido péssimo, pelo menos, a primeira coisa que fizemos vai ser o último benefício de que desfrutaremos antes de dormir. Com o tempo, mesmo com a mania de organização virginiana da minha mãe gritando na minha cabeça (às vezes), aprendi a fazer as tarefas bem-feitas, não preocupado com a perfeição. Preocupar-se em atingi-la é se preocupar demasiadamente com o que os outros pensam, e, como de vez em quando preciso lembrar de diminuir a necessidade da validação pelo externo, apenas me proponho a fazer.

2
ESTABELECI UMA ROTINA DE CUIDADO

Logo após arrumar a cama, precisamos nos preparar para o dia como todo mundo. Tomar banho, lavar os cabelos, usar um sabonete específico para o rosto, escovar os dentes, as bochechas e a língua, passar o fio dental, usar o desodorante, pentear os cabelos e lembrar todos os dias de passar protetor solar. Meu corpo é minha casa, preciso me sentir bem onde eu moro. Parece didático, né?! E esta parte, talvez, para algumas pessoas que já possuem essa rotina como ritual há anos, soe repetitiva, mas para quem está se conhecendo, como era o meu caso, era extremamente importante entender que ao estabelecer uma rotina de cuidado como se tocar, massagear-se com um hidratante pelo corpo, fazer movimentos circulares com um creme no rosto enquanto se olha nos olhos é o começo da criação de um vínculo sensível, sendo construído aos poucos através do toque, como se fôssemos um bebê necessitando do calor do próprio corpo para nos sentirmos seguros no mundo.

3
EXPLOREI MEU CORPO PELA MASTURBAÇÃO

O primeiro livro que ganhei da minha mãe na adolescência foi um chamado *Armando a barraca*. Tenho esse livro até hoje. Ele fala sobre masturbação, polução noturna, como colocar camisinha e relatos de outros jovens da minha idade naquela época... A informação era tudo o que eu mais precisava! E mesmo hoje, mais de quinze anos depois, falar sobre sexualidade ainda é um problema em muitos lugares, principalmente para as mulheres, dificultando o autoconhecimento. Explorar o corpo pela masturbação é descobrir pontos erógenos, estilos, preferências... usando as próprias mãos e/ou brinquedos eróticos, fantasias e também os próprios desejos. Não há fidelidade nesse momento, podendo começar com o vizinho e terminar com quem quer que seja. Aqui, a maior graça para mim é não ter pudor.

Entretanto, acho importante ressaltar, especificamente para os homens, que não dependam do pornô para se masturbarem (precisei prestar muita atenção nisso, já que sou do tempo da internet discada). Façam um esforço para usarem, novamente, as próprias fantasias, já que também é um processo de autoconhecimento. Há vários estudos relacionando o uso excessivo da pornografia com o baixo desempenho sexual. Há uma problemática ainda maior mascarada na pornografia, principalmente nas interações heterossexuais nas quais a realização do prazer é voltada para suprir o prazer do homem, não focando em um sexo mútuo preocupado na realização dos envolvidos. Existe também uma idealização que é criada de como o sexo deve ser: altamente intenso, com longa duração, incrivelmente satisfatório no final... Existem ainda mais argumentos, principalmente trazidos à luz por algumas vertentes do feminismo, mas a missão aqui é que você se masturbe com uma mão quando for assistir a um filme pornô e tenha a outra na consciência.

4
REPAREI NA BAGUNÇA

Ao colocar os óculos de uma filosofia holística, aprendi que, para deixar que a prosperidade se manifeste e ter saúde para respirar dentro de casa, é preciso que se retire tudo aquilo que não tenha função ou importância afetiva; a energia precisa fluir. Com frequência separo roupas que não uso mais (até mesmo aquelas que alimentava a esperança de que um dia iria usar de novo) e doo para uma instituição e também já fiz bazar para arrecadar um dinheirinho e ajudar nos boletos. Reviso papéis, livros de cursos antigos, xerox...

Respiro aliviado quando termino, sentindo como é gratificante ter um espaço limpo e organizado. Eu adoro fazer isso! Principalmente depois que descobri que a desorganização é possivelmente um dado do nosso estado emocional e que ambientes desorganizados costumam ser mais estressantes para o cérebro, pelo alto número de informações em volta que acabam o confundindo. Reparar na bagunça e dar um jeito nela é investir em um ambiente acolhedor e organizado para nos renovar no fim do dia.

5
PASSEI A CUIDAR DA MINHA ALIMENTAÇÃO

Qual é a sua relação com a comida?
Como você come?
O que você come?

Essas perguntas foram importantes para eu perceber a forma como comia e como me alimentava nos momentos de refeição. Eu nasci em 1993 e, ainda que jovem, não tínhamos internet nessa época. Fui ter computador (sem acesso ao mundo on-line) aos 15 anos. Então, o celular e a distração só se tornariam um problema no futuro.

Quando passei a morar sozinho, percebi – e muitas vezes ainda percebo – o quanto utilizo o telefone como fuga, como preenchimento de alguma companhia. Eu detesto até hoje comer sozinho e é extremamente difícil me sentar calmamente, respirar fundo e apreciar a comida sem usar nada que me distraia enquanto me alimento. Depois que comecei a pesquisar sobre consciência financeira na tentativa de diminuir meus gastos, uma das primeiras coisas que aprendi nessa descoberta foi trocar o *fast-food* dos aplicativos de comida por *comfort food*. *Comfort food*, de forma resumida, são aqueles pratos nostálgicos que nos remetem a alguma lembrança gostosa da infância ou da adolescência, e que geralmente não são receitas megaelaboradas; são simples. É aquele feijão que a nossa avó fazia, aquele arroz soltinho da mãe, a carne com o molho secreto que só o pai sabe fazer... Um dos benefícios de refazer esses pratos é que, além de preencherem nosso lar com aquele cheiro de comida gostosa, tornando o ambiente um lugar acolhedor, reforçam ainda mais o compromisso de valorizarmos nossa relação de afeto com a comida.

A cada refeição, tento observar a forma como estou comendo e também como estou me sentindo naquele momento.

Estou muito rápido?
Sinto-me ansioso?
O que tem no meu prato?
O que cada alimento representa para o meu corpo?
Qual a função dele?

Perguntas como essas auxiliam na consciência. Seja para não passar uma vida inteira sem questionar o próprio prato, alimentando-se de forma automática, seja para também ter a opção de ampliar o conhecimento indo em busca de novas opções e outras maneiras de construir uma relação de afeto com a comida.

Tendo em vista que a boca é uma grande porta de entrada para o nosso interior, sempre me pergunto: o que estamos colocando para dentro?

6
PASSEI A FICAR DE OLHO NA SAÚDE FÍSICA E EMOCIONAL

Eu e a minha mãe sempre fomos muito parceiros. Estamos acostumados a ouvir "não dá para ir a pé, é bem longe", e lá vamos nós "troteando" até o lugar. Adoramos caminhar, nos aventurar por aí. Com esse espírito, desde cedo enfrentávamos as filas da Unidade Básica de Saúde (UBS) para conseguir atendimento. Confesso que adorava, sempre gostei da sensação de sair de madrugada e pegar o sol nascendo na rua. Monitorar nossa saúde, fazer nossos exames e cuidar do que sempre tivemos que cuidar nas nossas patologias crônicas e agudas, aos poucos, conforme os anos foram se passando, nos fez perceber que o nosso "gostinho" pelas consultas refletia, inconscientemente, na delícia de cuidarmos de nós mesmos.

Hoje, mais velho e morando sozinho, cuidar da minha saúde física e emocional não tem mais a ver inicialmente em resolver uma emergência, mas em procurar manter o equilíbrio, cuidando de quem também merece ser cuidado.

7
COMECEI A FAZER ATIVIDADE FÍSICA

Sabe aquela história de "segunda-feira vou fazer uma caminhada de quarenta minutos"? Então, segunda-feira chega, mas a motivação acaba morrendo no meio do caminho. Desde os meus 17 anos entro em academias, pago e nunca mais volto. Todo este tempo, nunca consegui ficar mais do que seis meses. Minha preocupação sempre foi com a parte estética, não com os benefícios que o exercício físico pode trazer. Meu humor melhora, minha memória fica mais rápida, passo muito mais tempo concentrado, sem contar que rapidinho começo a sentir meu corpo menos estressado, menos tenso – se eu me alongar com qualidade – diminuindo consideravelmente minha ansiedade, fazendo-me dormir igual a um bebê.

Em vez de me organizar para correr 5 ou 10km, passei a fazer uma caminhada na volta da quadra, usando meus dez, quinze, vinte minutos durante o dia. Como tenho uma tendência inata a ser mais preguiçoso (inclusive combino muito com taurinos), eu me proponho apenas a começar. A evolução eu conquisto aos poucos, conforme vou ganhando intimidade com o exercício ou a atividade física. Coloquei como meta um dia participar de uma maratona. Aos poucos chego lá.

A PROCURA PELO *MATCH* PERFEITO

"Amai, porque nada melhor para a saúde que um amor correspondido."

Vinicius de Moraes

Organizadas as questões básicas, o olhar se volta à procura da combinação perfeita: é hora de encontrar o amor, de preferência o mais rápido possível. Afinal, é a comprovação da felicidade, já que ser solteiro por muito tempo é visto como um constrangimento social, principalmente para as mulheres. Tá encalhada? Vou te apresentar alguém! O casamento, nesse contexto, seria o dia em que oficializamos que realmente somos dignos de sermos amados, porque se amar não é suficiente. Nessa busca desenfreada para ser finalmente "feliz", muitas pessoas acabam fazendo da busca pelo *match* perfeito uma missão de vida. Enquanto o amor não tiver sido encontrado, nada mais importa. E, se possivelmente encontrá-lo e fracassar com a promessa "até que a morte os separe", recomeçar pode ser aterrorizante.

Agora, será que nos esforçamos tanto para encontrar o amor nos outros porque não encontramos o amor que há em nós?

Em 1999 eu morava em um chalé na Vila Kennedy, em Jaguarão, lá no interior do Rio Grande do Sul. Eu tinha 6 anos de idade na época e ia dormir todos os dias pensando no meu primeiro *crush*. Eu adorava ele! O jeito meio largado de ser, meio sério e intelectual... Todos os guris da rua brincavam juntos havia meses, só que no dia do aniversário dele, todos foram convidados, menos eu. Quando fui brincar e descobri que todos estavam na festa, senti a minha primeira dor da rejeição, que até hoje tem a mesma sensação horrenda no corpo. Parece uma facada, um tapa, um soco rápido e pesado na boca do estômago. Um murro no peito e no rosto. Você não sabe se reage à dor ou se faz um esforço enorme para não desabar onde foi atingido.

Corri desesperadamente para casa e chorei como uma criança que não sabe nomear o que sente. Minha mãe, não entendendo nada, mas no fim entendendo tudo, falou que já voltava, e realmente voltou alguns minutos depois dizendo que eu havia sido convidado para a festa, porém ela havia esquecido de pegar o convite.

Eu nunca soube se de fato isso foi verdade, porque a minha mãe sempre foi alguém que metia a cara por nós em tudo. No entanto, como a única coisa que importava para mim naquele momento era ir, enxuguei minhas lágrimas, coloquei minha camisa pólo favorita do Mickey, e lá estava eu ao lado do meu *crush* não correspondido.

Eu ainda não entendia nada sobre paixão, sobre o amor. Apenas tinha sensações boas e inexplicáveis, mas que de alguma forma tinham a ver com os livros que minha mãe lia para mim, as animações a que assistia, os desenhos... No fundo eu queria ser feliz como as princesas, adorado como elas, amado integralmente. E é aí que a gente começa a construir a nossa idealização, nossa persona do que seria ideal em uma relação, em uma pessoa, em um relacionamento... Começa cedo, porque não somos estimulados a olhar para nós, mas a nos preocupar uma vida inteira com a forma como nos olham.

Nunca é: o que eu posso fazer para me fazer feliz? Mas sempre: o que eu posso fazer para encontrar alguém que me faça feliz?

A primeira coisa que fiz quando me dei conta disso foi inverter as prioridades, trazendo a procura pelo amor para dentro de mim. Construir o amor-próprio é ter garantias de que você vai ter quem te abrace, quem te acolha e quem te diga o quanto é digno de coisas boas mesmo com os olhos embaçados para enxergar. No fundo, a gente sente. A partir do momento que a nossa felicidade fica nas mãos da espera, da ansiedade de conhecer alguém o mais rápido possível, ao conhecer, pode ser completamente frustrante. Principalmente para uma pessoa resolvida nessa parte, assustando-se com a gente indo com "sede ao pote". Colocar a responsabilidade nas mãos dos outros, ainda mais estranhos, é investir na dependência emocional, dizendo inconscientemente a nós mesmos que a única oportunidade de ser feliz é estando ao lado de alguém, sendo que é apenas uma das várias maneiras de nos sentirmos felizes. Lembra que a organização é importante? Por que então não organizar a caixinha do trabalho, a nossa, a da família, a dos amigos? O amor romântico é importante, sim, mas não está centralizado como a única caixa. As caixinhas também são sinônimos de pilares; quando desenvolvidos e trabalhados, ao ruir algum pilar ou até mesmo quebrar a estrutura, existem outros pilares sustentando a casa para ela não desmoronar por inteira. A psicoterapia me ajudou a enxergar isso.

Alguns dias depois dessa foto, no meio da madrugada começou um temporal muito forte. Quando coloquei os pés para fora do meu quarto, o cômodo desabou. Eu só enxergava a chuva entrando e caindo em cima da cama. Quando me virei, vi minha mãe apavorada, tentando entender se era um sonho ou se aquilo realmente estava acontecendo. Antes mesmo de me desesperar, fui surpreendido por um cobertor no qual meu irmão também já estava enrolado e me vi sendo empurrado em direção à porta dos fundos, com a saída pela cozinha, observando a sala desabar, o quarto da minha mãe desabar, o chalé inteiro desabar.

Por sorte, a casa ao lado da nossa possuía uma base de concreto que conseguiu nos proteger até chegarmos lá para pedir ajuda.

Na manhã seguinte, fomos morar em um espaço emprestado por um tio-avô, bem longe dali.

Nunca mais vi meu primeiro *crush*.

Mas isso não me impediu de querer ser amado como uma princesa algum dia.

COMEÇANDO A OLHAR PARA DENTRO DE MIM

Existem várias histórias e filmes que não terminam como estamos acostumados: com o revigorante *happy end*. Ficamos na maioria das vezes enfurecidos, já que se contrapõem à maioria das produções hollywoodianas. Entretanto, também há a oportunidade de nos prepararmos para uma compreensão melhor da realidade. Os dinamarqueses adoram brincar com isso. Inclusive, algumas histórias clássicas, recriadas pela Disney, precisaram de uma adaptação para tornar o fim mais "leve" para as crianças. Agora, ainda que eu ache válido uma vez ou outra assistirmos a um filme com um final triste, se todos fossem assim, eu me preocuparia. Utilizo muito a ficção como estratégia para aliviar o peso do dia a dia. Não tem nada melhor depois de um dia cansativo do que beber um pouquinho do entusiasmo que a esperança oferece na ficção.

Já que estamos falando de filmes com finais tristes, eu adoro um chamado *(500) dias com ela,* um romance americano de 2008. O filme conta a história de um relacionamento que não deu certo pela visão de um dos personagens, Tom Hansen, nascido em Margate, New Jersey. O moço é aquela pessoa cuja coisa que mais importa na vida é encontrar a "metade da laranja", alguém que o complete, para finalmente trazer um sentido à sua vida pacata de escritor de cartões. Tom só precisa encontrar uma mulher com as características que ele considera ideais e pronto.

Tudo isso estava muito perto de acontecer ao se deparar pela primeira vez com a nova assistente do seu chefe, Summer Finn. Só que Summer, que incrivelmente tinha todas as características esperadas por Tom, para começar, não acreditava no amor. Para ela, com base em sua experiência de vida, "o amor é uma fantasia", como a própria personagem descreve. Claramente desapegada e vendendo a ideia de que a maior oportunidade que eles deveriam se agarrar na vida é a de aproveitarem a juventude em uma das cidades mais bonitas do mundo (Las Vegas), Tom começa sua jornada tentando desbravar um relacionamento apegado apenas à esperança de que um dia a suposta garota dos seus sonhos o reconheça como a outra metade.

O interessante nesse filme é que ele foi feito baseado em uma experiência pessoal, e eu simplesmente amo quando aparece depois dos créditos iniciais "baseado em uma história real". Outro ponto é que todos nós somos um pouco Tom e Summer, carregando suas características em vários momentos da vida, seja nos identificando exclusivamente com um dos dois, seja as inter-relacionando. A identificação vai rolar mais cedo ou mais tarde.

Assim como Tom, muitas vezes não nos disponibilizamos a amar a pessoa pelo que ela verdadeiramente é, mas nos interessamos pela possibilidade de ela protagonizar o papel que bate com as características que consideramos ideais em um relacionamento. A ideia de amor à primeira vista vinda do ideal do amor romântico não existe, já que não tem como amar imediatamente um desconhecido. Podemos nomear de diversas formas o que chamamos de "amor à primeira vista". Entusiasmo? Atração? Desejo? Para o amor acontecer é preciso tempo, profundidade e vínculo para realmente conhecer a pessoa que habita debaixo da máscara. Afirmar que ama alguém à primeira vista é a mesma coisa que dizer que ama a própria idealização. E, mesmo em muitos casos em que a atração inicial vinga e se torna amor no futuro, ele não nasce como um, nasce como emoção e vai se construindo como sentimento ao longo do tempo, no decorrer da relação.

Summer, em contrapartida, como apresentado antes, não acredita no amor. Ela considera Tom interessante, deseja explorar algo casual entre eles, mas nada além disso. *Just friends*. Uma curiosidade interessante na personagem é que desde o começo ela comunica o que pretende, é clara sobre suas intenções e até pergunta para o Tom se ele se sente confortável com isso, já que muita gente se frustra nessa hora. Mesmo ela se mostrando alguém que usa do diálogo para comunicar seus interesses, vamos percebendo que talvez toda essa crença de não acreditar no amor e não querer um relacionamento é, na verdade, uma dificuldade de se envolver afetivamente, já que todos os modelos de relação que teve na vida não terminaram bem. Uma relação, pelo olhar da Summer, é vista como algo que compromete sua liberdade.

Assim como no caso de Tom e Summer, essas concepções e expectativas a que precisamos corresponder nas relações não surgem do nada na nossa cabeça. Tudo começa a nascer com o amor romântico surgindo na Idade Média (meados do século XII) e sendo amparado na pós-modernidade pela indústria do entretenimento, ou seja, pela cultura pop e por empresas de *streaming*, novelas, músicas e todo o combo da ideologia consumista que nos bombardeia com a "fusão de dois seres", "casamento como garantia de satisfação pessoal", "ao encontrar o amor você nunca mais vai se sentir atraído sexualmente por outra pessoa", "o amor é sempre muito difícil; sacrifique-se por ele", e blá-blá-blá. Essas idealizações que são incutidas no inconsciente do social há muito tempo são tóxicas, sendo praticáveis com facilidade apenas no imaginário, na ficção e na literatura. Elas geram uma série de questionamentos no indivíduo, fazendo-o duvidar da própria capacidade, trazendo frustração por não conseguir alcançar esse ideal. Eu me senti por muito tempo assim.

Como o olhar ainda está voltado para o lado de fora, quando a relação desejada não se concretiza, a maioria das perguntas que surgem são:

Será que eu nunca vou encontrar o amor?

Será que eu não sou digno de ser amado?

Será que eu nunca vou ter um amor como o das novelas?

Como diria Werther em *Os sofrimentos do jovem Werther*:

> Nossa imaginação, inclinada por natureza a exaltar-se, e, ainda, excitada pela poesia, dá corpo a uma escala de seres onde ocupamos sempre um lugar insignificante. Tudo o que está fora de nós parece mais belo, e todos os homens mais perfeitos do que nós. E isto é natural porque sentimos demasiado as nossas imperfeições, e os outros sempre parecem possuir precisamente aquilo que nos falta. Desse modo, nós lhes concedemos tudo o quanto está em nós mesmos, [...] E assim criamos nós mesmos um conjunto de perfeições que por sua vez cria nossos tormentos. (GOETHE, 2002, p.61-62).

Tom Hansen queria um amor para ser suprido. Summer Finn queria nunca encontrar o amor. *(500) dias com ela* não tem um final feliz, mas ambos aprenderam um com o outro a olhar para si. E eu aprendi a olhar ainda mais para mim com esse filme.

QUANDO MINHA CONSCIÊNCIA NASCEU DA FRUSTRAÇÃO

"Aprenda a lidar com a solidão. Aprenda a conhecer a solidão. Acostume-se a ela, pela primeira vez na sua vida. Bem-vinda à experiência humana. Mas nunca mais use o corpo ou as emoções de outra pessoa como um modo de satisfazer seus próprios anseios não realizados."

Comer, rezar e amar,
Elizabeth Gilbert

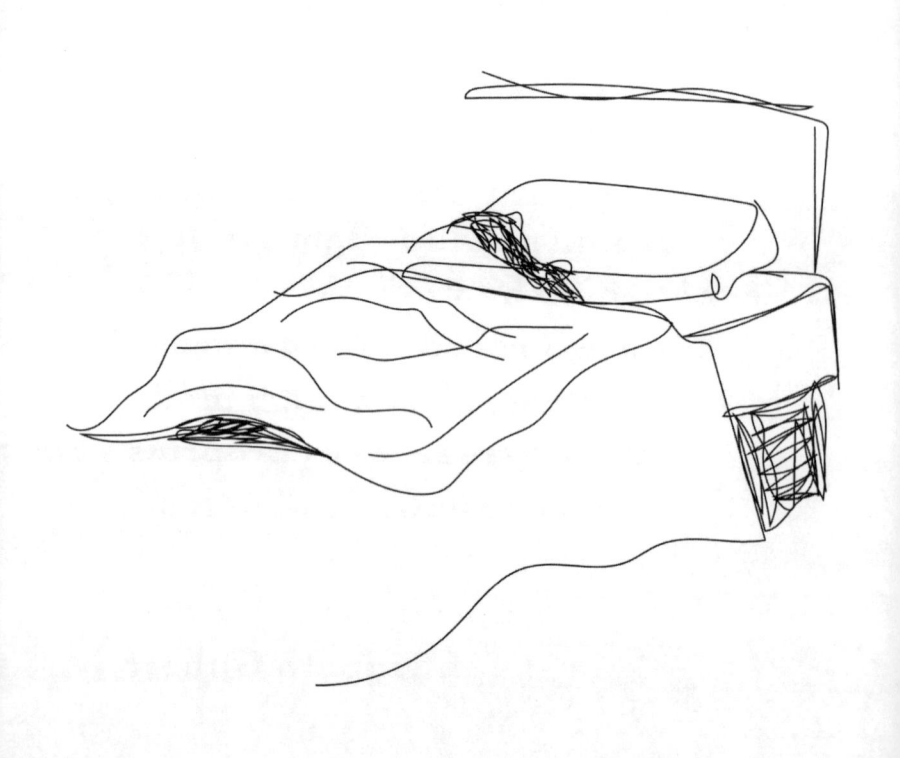

Eu nem saía da cama. Sentia o cheiro forte da urina do cachorro do vizinho vindo de uma calçada que não era lavada havia semanas. Pela fresta da janela, eu via o sol se esforçando para entrar. Lavar uma louça exigia energia para uma semana. Havia algo em cima de mim que eu não sabia descrever, um peso, um remorso, uma sensação de mágoa com violação. Eu sabia que eventos traumáticos e frustrantes podem trazer consigo a capacidade do ser humano se mostrar resiliente, de questionar a própria força e aplicá-la para sistematizar estratégias. Resiliência é o que os psicólogos chamam de capacidade de nos superarmos diante de alguma adversidade, lidar com problemas, adaptar-nos a mudanças. Palavra emprestada da física, como o próprio dicionário Houaiss descreve: "propriedade que alguns corpos apresentam de retornar à forma original após terem sido submetidos a uma deformação elástica". Já passava mais de um mês que eu não saía da cama. Nem de máscara era possível respirar com tranquilidade no meio de toda aquela catástrofe emocional. Minha frustração veio quando me vi dentro de uma relação abusiva, que nunca chegou a se tornar um relacionamento (para a minha sorte) e assisti à minha moral e à minha carreira ameaçadas por um *Gaslighter*. *Galishter* (o ser) ou *Gaslighting* (o processo) é quando alguém manipula a realidade, forçando você a desconfiar das próprias memórias e da sua percepção de realidade. O termo nasceu da peça *Gas Light,* de 1938, do dramaturgo Patrick Hamilton, na qual a manipulação consistia no marido diminuir a iluminação a gás da casa onde viviam para enlouquecer a mulher, como descrito por Sthepanie Moulton Sarkis, no livro *O fenômeno Gaslighting*. Esse fenômeno é extremamente presente nos relacionamentos abusivos, já que o incentivo à culpa por parte do abusador é essencial para que não haja autocrítica da sua parte, fazendo com que a vítima se sinta sempre como a pessoa provocadora, perversa e delinquente da história.

 Quando me percebi sendo violado moral e juridicamente, no meio de todo aquele caos, duvidando da minha integridade, no fundo eu sabia que não havia me atraído por alguém tão mesquinho e narcisista de repente. Algo naquela pessoa me chamou atenção. Um momento de vulnerabilidade? Carência? Baixa autoestima? Modelo de relação construído na infância? É desesperador quando a frustração bate, porque aos poucos vamos começando a ter noção de uma possível ideia de quem realmente somos.

É desesperador, porque não dá mais para colocar a culpa no destino, estamos exaustos e algo deve ser feito. Frustrações nos esgotam emocionalmente! Autorresponsabilidade assusta! Como assim, sabe?! Perceber que o amor é construído e que não chega de graça? Que a minha "sorte no amor" tem a ver com escolhas de pessoas com comportamentos saudáveis?

Foi um momento psicologicamente difícil, mas extremamente importante que veio com um convite para eu sair da frustração sendo resiliente, ampliando a consciência sobre tudo o que estava acontecendo.

MAS O QUE RESILIÊNCIA TEM A VER COM AUTOESTIMA E AMOR-PRÓPRIO?

Da mesma forma que a autoestima e o amor-próprio são irmãos, como falamos anteriormente, a resiliência é a melhor amiga deles, é da família! Assim como o amor-próprio é a revisão da percepção de autovalor em um momento de baixa autoestima, a resiliência é a ação que vai atuar na prática junto do amor-próprio.

É geralmente no momento de frustração que começa a nascer uma observação interessante do próprio EU, começa a se conceber um questionamento sobre as relações, sobre a similaridade entre elas, sobre o perfil das pessoas com quem se relacionou até então, sobre a existência da possibilidade do próprio comportamento influenciar nas escolhas, quebrando a crença de que se está à mercê do destino e do acaso. É quando surge a pergunta: por que será que eu tenho "dedo podre" para o amor?

O "dedo podre", ou a repetição de padrões, pode ter várias origens, e uma das melhores maneiras que funcionou para mim, a fim de "quebrá-lo", foi a psicoterapia. Entretanto, é preciso lembrar que muitas pessoas se instrumentalizam ao longo da vida sem nunca terem passado por um processo psicoterapêutico, pessoas que foram capazes de se auto-observarem e interromperem determinado perfil de pessoas, revisando também os próprios comportamentos para uma conduta mais saudável. O que não foi o meu caso.

A auto-observação é importante para a construção dessa consciência, pois quando você se conhece, você se escuta e fica atento aos sinais. Diferente do Jorge, meu amigo, que conheceu um rapaz em uma balada. Após ficarem e a relação se mostrar intensa desde o começo, parecendo perfeitos um para o outro, aos quatro meses de relacionamento ambos decidiram que seria a hora de morarem juntos. Nesse momento, Jorge foi alertado pelos próprios amigos do namorado de que o rapaz não era uma pessoa confiável e que talvez fosse melhor repensar antes de se envolverem ainda mais. Eu avisei. Nossos amigos avisaram. Mas Jorge, por estar muito tempo sozinho, achou melhor arriscar, porque no fundo acreditava que o parceiro poderia mudar. Após alguns dias morando juntos, o namorado de Jorge falava que ia beber uma cerveja no bar da esquina e voltava às 5 horas da manhã. Jorge voltava do trabalho e encontrava louça suja, lençol revirado, roupas pelos cantos, como se mais alguém estivesse ali antes. As traições começaram a ficar cada vez mais explícitas e a sensação de culpa e insuficiência foram aumentando. Uma relação que tinha tudo para fracassar cumpriu suas expectativas.

Enquanto Jorge tentava desesperadamente esquecer o rapaz após o término, eu também digitava no Google "como superar um relacionamento", esquecendo, muitas vezes, que eu mesmo já havia gravado alguns vídeos sobre o tema. Tenho as minhas estratégias, sei o que é preciso fazer, mas especificamente naquele momento não tinha a ver com refletir de novo sobre as coisas que eu disse ou rever algumas atitudes que podem ser tomadas após o término, era sobre ouvir algo novo que me ajudasse a cortar o contato com a dor. No fundo, não era sobre superar, mas urgentemente COMO ESQUECER, deletar definitivamente da memória. Dá muito menos trabalho.

Só que nesse desejo de pular de pessoa para pessoa após cada frustração sem se preocupar em superar de verdade, sem olhar para o que aconteceu, sem olhar para nós, assim como Jorge, a gente vai entrando em um *loop* infinito, em que tudo parece obra do acaso, deixando de se observar informações importantes que podem ser capazes de mudar o rumo das nossas futuras relações. Tem uma frase que amo muito e que passei a minha vida inteira achando que era da Martha Medeiros, mas em uma entrevista que fiz com a escritora descobri que não. Diz assim:

"O tempo não cura tudo. Aliás, o tempo não cura nada, o tempo apenas tira o incurável do centro das atenções".

Talvez não devêssemos depender exclusivamente tanto do tempo para resolver nossas questões, ainda que ele seja um grande aliado. Porém, ao decidirmos olhar para nós mesmos agora, também estaremos olhando para o futuro.

Às vezes é na frustração que nasce a urgência de se amar.

QUEM SOU EU DE VERDADE?

"Eu sabia que eu pertencia ao público e ao mundo, não pelo fato de ser talentosa ou até mesmo bonita, mas porque eu nunca pertenci a nada ou a ninguém."

Marilyn Monroe

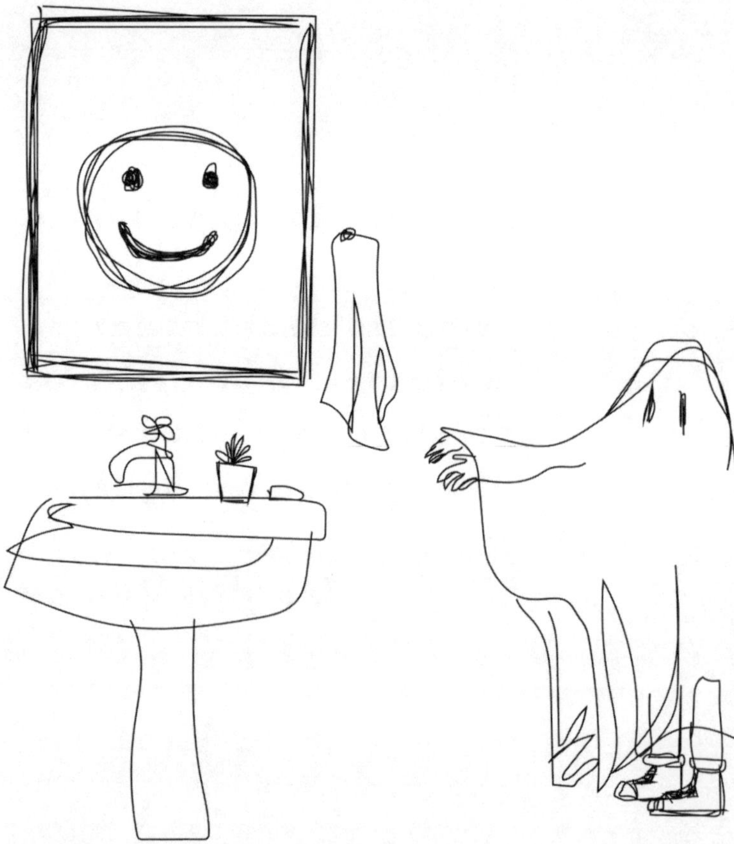

Há muito tempo que, desde cedo, pais exigem algo dos filhos. Seja para manter a linha de herdeiros, a fim de perpetuar a riqueza que foi construída, seja para dividir o trabalho pesado no campo, ou para que os filhos tenham a oportunidade de obter sucesso em uma sociedade altamente competitiva. Os americanos são especialistas em educar as crianças às pressas, diferentemente dos dinamarqueses, que durante muito tempo não entravam na escola antes dos 7 anos. Até os 11 anos, caso a criança permaneça na escola, ela tem o resto do dia livre. Para eles, brincar é coisa séria, tem a ver com autoconhecimento, como descreve o livro *Crianças dinamarquesas: o que as pessoas mais felizes do mundo sabem sobre criar filhos confiantes e capazes*, de Jessica Joelle Alexander e Iben Dissing SanDahl.

Se você buscar no Google agora, vai encontrar algumas matérias falando quanto custa criar um filho no Brasil. Trazendo *spoiler* da pesquisa, o custo gira em média de 500 mil reais. É evidente que toda essa perspectiva não contempla a realidade da maioria dos brasileiros; entretanto, calculando-se ou não, sempre há um desejo de que o filho tenha uma ótima performance na sociedade.

Ouço muito mais histórias de pessoas que cresceram sendo impulsionadas a cumprirem as expectativas do que relatos de filhos que cresceram com a liberdade de decidirem lá na frente o que gostariam de ser. Muitos recebem a certeza cedo, outros precisam decidir a profissão de suas vidas logo na fase em que ainda não sabem direito quem são. Há uma cobrança desde cedo para que não se falhe. O fracasso não é visto como resultado da tentativa, mas sempre como sinônimo de incapacidade. Nunca a se olhar o meio, mas sempre a responsabilizar o indivíduo. Tudo é sobre performance, performance e performance. Você não é o que é, mas o que tem para ser quem é.

E quando estamos falando de narrativa de vida, nossos pais/criadores contam muito na hora de tentarmos entender o porquê de existirem algumas exigências internas. Todavia, não é o único fator que pode nos trazer dificuldade em nos reconhecermos. O local em que estamos inseridos, nossa cultura, o ambiente que nos cerca e uma série de outros fatores vão exigir de nós máscaras sociais. É preciso desempenhar o papel de filho, de pai, de irmão, de mãe, de líder, de empregado, de esposa, de namorado... Eles são importantes para o nosso funcionamento na sociedade e não tem nada de ruim aí. Agora, o problema é quando a máscara já não sai mais do rosto, quando ficou tanto tempo grudada que não se sabe mais a diferença entre o **EU** e o **PERSONAGEM**.

— EU CONHEÇO VOCÊ! MAS QUEM SOU EU?

Em 2013 eu trabalhava como assistente administrativo em um hospital escola no setor oncológico. Basicamente meu trabalho era receber os pacientes encaminhados do médico oncologista e dar entrada na internação domiciliar, seguindo para os cuidados paliativos. Cuidados paliativos, de uma forma resumida, são um conjunto de práticas geralmente realizado por uma equipe multidisciplinar que tem como objetivo manter a dignidade e a diminuição da dor de pacientes em estado terminal. Todos os dias, das 8h às 18h, de segunda a sexta-feira, eu abria a porta para pessoas com câncer e assinava alguns dias, semanas ou meses depois suas certidões de óbito.

As mortes me chocavam muito no começo, mas depois, com o passar do tempo, começaram a se tornar parte do processo, até um dia em que abri a porta e enxerguei uma grande amiga da escola que não encontrava havia anos; a Edu que, inclusive, foi a primeira pessoa para quem contei que era um homem gay. Quando perguntei o que fazia ali – pensando em milésimos de segundos que poderia ser ela – descobri que era a mãe que havia sido encaminhada ao tratamento. Nessa época, eu havia acabado de entrar na faculdade de Letras na UFPel, ainda desfrutava do gostinho da vitória de ter passado meses no processo seletivo concorrendo àquela única vaga com um auditório lotado e também estava feliz no meu namoro. Tudo parecia bem, mas ali, naquele exato momento, quando vi a Edu chegando com o encaminhamento, algo em mim me fez repensar o futuro.

Conforme fui evoluindo e ganhando confiança no trabalho, comecei a ser convidado para participar das visitas com a equipe nos atendimentos. Umas das coisas que aprendi com eles é que, quando você entra na casa de alguém, também está entrando na vida da pessoa pelos porta-retratos que vai encontrando pelo caminho e pela forma como observa os móveis colocados, a louça que está na pia, se é um lar mais iluminado ou mais escuro, se tem cheiro de dor ou de passagem. É preciso muito respeito para não causar a impressão de que você está invadindo um lugar que não é seu. Todo lar, seja barraco ou mansão, é um lugar sagrado.

Quanto mais tempo passava, mais eu aprendia. Dizem que quando aceitamos as pessoas que passam em nossas vidas como mestres, temos o espírito livre pelo aprendizado. Foram quase três anos ouvindo e escrevendo histórias, internando pessoas, assistindo a médicos chorarem ao se despedirem de alguns pacientes, aprendendo a ser um profissional melhor com um líder que lembrava o Papai Noel de tão gentil e bondoso, a construir minha autoestima com uma assistente social que me dizia o quanto é importante olharmos para nós mesmos, a valorizar a simplicidade com uma mulher extraordinária que nunca teve a oportunidade de aprender a escrever o próprio nome, porém que foi capaz de ser umas das cozinheiras mais fantásticas que já conheci.

Todos os dias, ao olhar pela janela sentado à mesa do escritório, eu me perguntava se estar naquele lugar era realmente o que me fazia feliz após aqueles anos. Estar tão perto da morte me fez questionar muita coisa...

Será que a sensação de querer viver a vida apenas aos fins de semana é normal?
Será que eu não estou só seguindo o fluxo?
Quem realmente eu sou agora?

Eu tinha um bom emprego. Estava em uma universidade federal. Namorava uma pessoa que me amava. O que mais eu poderia querer?

A casa começou a cair. Como uma casca. Como um animal que troca de pele precisando se renovar. É quase que incontrolável! Vamos apenas sentindo que algo está mudando, que não somos mais os mesmos, que chegou a hora de encontrarmos um novo jeito de nos sentirmos confortáveis de novo. Acontece tudo muito rápido, sem aviso. É acordar um belo dia e sentir que finalmente recebeu ordem de despejo daquela vida e do próprio corpo.

Será que eu realmente queria estudar Letras? Bater o ponto às oito horas da manhã naquele emprego? Continuar me relacionando com aquele cara?

Quem sou eu de verdade?
Alguém cumprindo com as expectativas da minha família?
Do social?
Aliás, quem eu gostaria de ser sem o medo de assumir isso?

Após refletir por semanas, decidi que precisava mudar. Fiz um barulho enorme no hospital, convencendo todo mundo de que queria ser médico. Finalmente havia encontrado a solução! Eu acreditava nisso. Poderia usar toda minha empatia na profissão e ser um excelente profissional. Estava certo disso. Pedi para reajustarem minha carga horária para seis horas, troquei de setor, tranquei a faculdade e fui pedir bolsa em um dos cursos pré-vestibulares mais caros da cidade.

— Boa tarde! Gostaria de falar com o gerente.
— Sim, pois não. Quem gostaria? — disse a secretária.
— Guilherme, um futuro aluno.

Desconfiada e sem entender muita coisa, a recepcionista chamou o proprietário do curso para conversar comigo. Em uma sala cheia de livros e consideravelmente apertada, com a minha pastinha cheia de documentos, iniciei o papo antes mesmo de me sentar:

— Obrigado por me receber! Venho estudando para passar em Medicina e sei que seu curso é um dos melhores da cidade. Mas, infelizmente, eu não tenho condições de pagar por ele. Aqui está meu contracheque com o valor que recebo e também as contas que ajudo minha mãe a pagar. Preciso muito de uma bolsa. Vocês cedem algumas? Como funciona?

— Além da sua história, o que faz você achar que eu te daria uma bolsa? — responde o homem com uma voz séria, mas um rosto simpático.

— Sua credibilidade na cidade se dá pelo número alto de aprovação nas universidades federais da região, comprovando a qualidade. Eu vou me dedicar muito para passar e ser o melhor boca a boca que você já viu, eu só preciso de uma oportunidade.

Enquanto o homem me observava, eu fingia não me incomodar. Não contei quanto tempo, mas houve um silêncio descomunal na sala de, no mínimo, uns três minutos. Até hoje eu não sei como fui tão cara de pau, principalmente em uma época em que não tinha autoestima. Só que hoje, ao escrever isso, percebo que sempre confiei em mim, mesmo não tendo a menor ideia disso, tampouco do quanto eu era capaz de fazer coisas extraordinárias. A comunicação não violenta do cara, ao me explicar o curso e o que ele esperava de mim, fez-me entender que eu havia conseguido a bolsa, mas depois percebi que foi apenas um desconto interessante, até eu entrar em um *looping* de dúvidas e dívidas novamente.

Conforme os meses foram passando, eu me sentia cada vez mais confuso. Inconscientemente, eu lutava para me reconhecer. Vários questionamentos me bombardeavam ao longo do dia... Será que eu realmente quero ser médico? A biologia parece ter um olhar tão pragmático, enquanto meu desejo é investigar as nuances. Será que essa vontade toda não vem porque o salário inicial é ótimo e assim eu conseguiria ajudar minha família? E o meu namoro? Por quanto tempo mais eu aguento ficar em estado de alerta, sentindo a necessidade de vigiar constantemente para não correr o risco de ser traído? Não dava mais, eu estava exausto. Cansado de ter que pensar em todos, de ter que cuidar de todo mundo, de ter soltado minha própria mão pelo meio do caminho. Já fazia alguns anos que havíamos saído daquele terror que foram a infância e a adolescência. Desde então, não havia sobrado tempo para eu me conhecer, assim como me dedicava a conhecer outras pessoas.

Ainda trabalhando no hospital, as histórias sobre como as pessoas mudavam de vida se mudando para Florianópolis, em Santa Catarina, eram constantes. Aos 12 anos, mesmo sem nunca ter visto uma foto da cidade, intuitivamente eu dizia que me mudaria para lá. Sentia como se algo me puxasse, exatamente como um ímã. Eu lembro que meu desespero era tão grande de ir morar na praia que, na adolescência, eu adorava ir às palestras sobre carreira militar e ouvir sobre as oportunidades e benefícios, mesmo passando mal só de saber que um dia eu teria que me alistar obrigatoriamente para o exército.

Não demorou muito tempo; após ouvir tanto sobre Floripa, e julgando como um sinal do universo, acabei juntando o maior número de informações que consegui sobre a cidade, tomei coragem para terminar meu namoro que havia muito tempo não era mais saudável, encontrei um rapaz que me hospedaria por alguns dias na ilha da magia e arquitetei todo um plano junto à minha mãe de nos mudarmos para lá. No dia seguinte ao que assinei minha demissão, completamente certo e feliz por estar fazendo tudo aquilo, o ônibus de Pelotas rumo a Florianópolis partia com as nossas coisas e mais um amontoado de sonhos.

QUANDO A MÁSCARA COMEÇOU A CAIR, O RECONHECIMENTO VEIO

Após um mês morando em Floripa, a mudança havia me trazido novos ares, mas não o autoconhecimento; eu ainda não sabia quem eu era. Não estava mais no cursinho, não estudava como deveria para passar em Medicina, só carregava um medo gigantesco de não conseguir entrar para a universidade mais uma vez. Todos os meus amigos estavam lá. Da minha turma, eu fui um dos únicos que havia "ficado para trás", fazendo eu me sentir um completo incompetente.

Faltando poucos meses para o vestibular acontecer, decidi pegar os meus R$975,00 restantes da demissão e embarcar em um mochilão do sul ao nordeste do país, viajando de ônibus e carona, trocando trabalho por hospedagem para perguntar a mim mesmo o que eu realmente gostaria de fazer da minha vida. Minha mãe inicialmente ficou louca! Meu irmão debochava de mim, meus parentes achavam que era história, ninguém botava fé. Quando a mochila estava pronta e a barraca amarrada ao lado, eles viram que era verdade.

Não lembro exatamente o dia em que saí, só sei que foi uma das experiências mais incríveis que já vivi. Viajar sozinho é tão esclarecedor, já que não te resta outra opção a não ser se conhecer. Sair por aí foi tão importante, mas tão importante, que, depois daquela aventura, nada foi como antes, era nítida a minha diferença antes mesmo de eu ter voltado para casa.

Como eu não tinha muito dinheiro para essa empreitada, fiz *couchsurfing* com as pessoas que liam o meu blog na época. *Couchsurfing*, para contextualizar, é quando alguém te hospeda de maneira gratuita oferecendo o sofá, como o próprio nome sugere, ou o colchão, o quarto... vai depender da disponibilidade de acomodação de cada um. O legal e também o imprevisível é que a experiência é muito diferente da de ficar em um hostel, por exemplo. Há toda uma dinâmica da casa, horários, regras, energia, onde se deixar a chave, se a tampa do vaso sanitário é fechada ou aberta, essas coisas...

Em todos os lugares onde eu ficava, eu sempre limpava a casa inteira. Não precisava fazer isso, mas, como eu sou muito bom em limpar, era minha forma de agradecer a gentileza. Um caso curioso nessa história, além de vários outros, é que a primeira pessoa que me hospedou em São Paulo foi altamente criticada no trabalho e por algumas pessoas próximas por estar hospedando um desconhecido. A preocupação, de fato, era completamente válida. Aqui no Brasil não é tão comum, mas, em outros países, *couchsurfing* é muito praticado, inclusive por famílias nucleares. Coloque no seu navegador: *www.couchsurfing.com* e descubra. Desde o dia em que a moça foi criticada até hoje, nunca mais nos separamos. Hoje temos uma família de pets juntos e somos melhores amigos.

Todo o enredo dessa história foi fundamental para eu ir me conhecendo aos poucos. Desde a carona que peguei em uma Kombi de Floripa a São Paulo, ficando 24 horas com um espanhol falando sobre como era apaixonado pela ex-mulher e como não conseguia se imaginar vivendo uma vida longe da criação do filho que acabara de nascer. Ambos desconhecidos, mal compreendendo o diálogo um do outro, mas íntimos pelo choro e pelo alívio do desabafo. Assim como os três dias em que fiquei enclausurado em um ônibus para chegar até a Paraíba, sendo suficientes para ouvir histórias de pessoas que recomeçaram tantas vezes, que se encontraram de novo no meio do caos, que já tinham meu dilema como parte do processo da vida.

As minhas longas conversas no Jardim Botânico e o choro que lavou a minha alma em Maragogi fizeram-me perceber que eu realmente não gostaria de ser médico. Por ora, eu queria comunicar, propagar. Minha família tinha saúde, então, assim como havia aprendido na viagem, eles também tinham total condição de lutar pelos próprios sonhos enquanto eu estivesse correndo atrás dos meus.

Ali, enquanto era abraçado embaixo dos coqueiros aos prantos por pessoas que conhecia havia menos de dois dias e que mal falavam a minha língua, eu sentia o amor nascendo aos poucos.

Eu finalmente estava me conhecendo.

Finalmente estava começando a me apaixonar por mim.

O QUE EU FIZ PARA ME RECONHECER

ME FIZ A PERGUNTA: QUEM EU SOU HOJE?

A percepção que temos sobre nós mesmos é verdadeira e não pode ser invalidada, pois a forma como nos enxergamos é real, mesmo que seja uma maneira distorcida de um olhar saudável. Livrei-me da culpa de pensar: "ah, eu deveria ser assim". A pergunta é: como, realmente, eu me enxergo? Ao tentarmos nos reconhecer, pode ocorrer um rompimento em uma situação específica. Por exemplo, quando falamos: "Eu me sinto um lixo!!! Ninguém me ama". É muito provável que alguém diga: "Pera aí, não fale isso! Você não é um lixo!!!". E, de fato, não somos um lixo. Como diria Sirius Black ao Harry Potter: "Todos nós temos luz e trevas dentro de nós. O que importa é a maneira como escolhemos agir. Este é quem você realmente é".

O problema da intenção dessas pessoas, por mais que seja boa, é que ela nos interrompe e não nos ajuda a refletir. Amor-próprio não é dado de presente. "Eu enxergo você assim. Pegue aqui e passe a enxergar a forma como eu lhe enxergo." É todo um trabalho individual que não muda do dia para a noite, só porque o outro está vendo o que eu ainda preciso ver. Amar-se tem muito mais a ver com encontrarmos motivos internos que venham a sustentar esse amor do que com sustentar nosso amor-próprio apenas nas percepções das pessoas de fora. Caso a percepção delas sobre nós mude por algum motivo, há uma grande chance de ficarmos arruinados. Afinal, não sabemos quem somos de verdade, apenas sabemos o que dizem de nós.

Sempre quando esbravejava afirmações negativas sobre mim, um amigo muito querido, em vez de me impedir me devolvendo afirmações positivas, ajudava-me a refletir:

Por que você se sente um lixo?
O que faz você pensar que é um lixo?
Existem momentos específicos que fazem você pensar assim?
É o tempo todo?
O que leva você a considerar que uma pessoa é um lixo?
Estas características batem com a integridade da pessoa que você é?
Com qual frequência você usa palavras negativas para se referir a si mesmo?

Passei a perceber que eu sou o especialista da minha história, ninguém sabe mais sobre mim do que eu mesmo. Explorar meu interior é um compromisso meu.

Isso me lembra quando agradeci à minha terapeuta por ser uma das responsáveis por eu ser o amor da minha vida, e ela rebateu dizendo: "Querido, eu apenas te dei o regador".

MARQUEI UM ENCONTRO COMIGO

Qual a primeira coisa que a gente faz quando vai conhecer alguém? Marca um encontro para saber se teremos afinidades. Um primeiro *date* serve para saber se vamos querer um segundo *date*, então, vamos com calma. Mais importante que cumprir expectativas nesse momento, exigindo-se sentir naturalidade, é tentar perceber as próprias paixões, os valores pessoais e se perceber, fazendo sozinho algo que está acostumado há uma vida inteira a fazer sempre com alguém. Aviso: foi estranho no começo, e depois entendi que é completamente esperada essa sensação de desconforto, já que não é algo a que estamos "acostumados". Essa primeira atitude foi imprescindível para mim, pois fui criando um vínculo de intimidade ainda mais forte comigo, diminuindo aos poucos a dependência de sempre precisar de alguém para me fazer companhia no que eu desejasse fazer.

No primeiro encontro:

Escolhi um lugar simples e tranquilo, como um parque, uma praça, e levei um bloco de notas, algo em que conseguisse rabiscar. Esses lugares são mais fáceis de ir no começo, já que tem várias pessoas lendo, brincando com a família, namorando... A sensação de "estou sozinho aqui" geralmente é menor. Ao chegar lá, tentei relaxar. Não fiquei tentando me distrair ou me anestesiar com o celular. Guardei na mochila e o tirei completamente do meu campo de visão. Observei o ambiente, senti o chão, percebi como meu corpo se sentia ao sentar ali, como era minha mão, como eram meus dedos, como as pessoas estavam interagindo umas com as outras, como o céu estava, como meu corpo estava respirando... Foquei no AQUI e no AGORA daquele momento.

Após ter entrado em contato comigo, era hora de dar corpo à minha percepção, para que ficasse mais fácil de enxergar com os meus próprios olhos a forma como me percebia.

Peguei o bloco de notas e fiz no centro da folha um bonequinho que me representasse, do meu jeito. Do lado esquerdo coloquei todas as minhas limitações, o que eu considerava que pudessem ser "defeitos" em mim e o quanto eles me atrapalhavam no meu dia a dia. E o lado direito preenchi com as minhas qualidades e características que admirava.

Ao final do rabisco, o desenho estava mais ou menos parecido com este aqui:

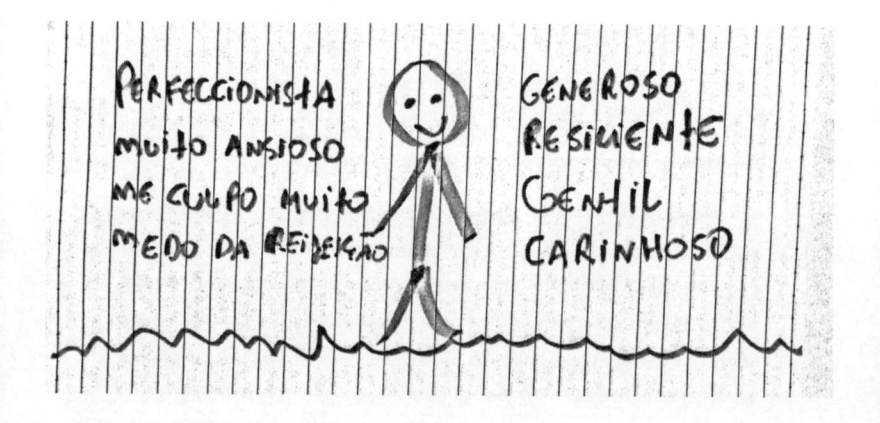

Quando peguei a folha, após terminá-la, enquanto olhava e refletia, fui me fazendo as seguintes perguntas:

O que eu enxergo?
Cumpri com as expectativas que tinha inicialmente?
É o que eu tinha em mente?
Tenho mais qualidades do que achava?
Existem tantos defeitos assim?

Guardei o rabisco em um lugar seguro para sempre me lembrar de quando eu me reconheci pela primeira vez. Quando a percepção mudasse com o tempo, eu poderia ter algo físico para comparar.

Como o amor-próprio é plantinha que deve ser cuidada e regada, não podemos parar no nosso primeiro encontro, já que ele representa a iniciativa do contato, do reconhecimento. É preciso seguir, estimulando-se a se conhecer mais. A partir do segundo *date* sozinho, não levei mais o bloco de notas. Aproveitei a experiência e observei como me sentia em relação a ela.

Lugares aos quais passei a ir sozinho:

CINEMA: Martha Medeiros, escritora gaúcha, tem várias crônicas sobre a delícia de desfrutarmos da própria companhia. No começo, parece que todos os casais estarão olhando para você; na verdade, a maior parte das pessoas sentadas olham para as pessoas que acabaram de chegar. Reforcei o óbvio em mim, que não era nada pessoal. Peguei minha pipoca, minha bebida e me coloquei à disposição para me divertir em minha companhia.

JANTAR: Vez ou outra eu me levava e ainda me levo para jantar. Em momento de economia, até um dogão na esquina já está ótimo. Aliás, particularmente, é o que eu prefiro até hoje. Agora, depois de um tempo, entrei na fase de usar pantufas, preparar uma massa gostosa e beber um bom vinho, principalmente depois de um longo dia.

BALADA: Já fui algumas vezes para a balada sozinho. Confesso que não sou muito baladeiro, então não é algo que eu faça com frequência. A minha primeira vez foi absolutamente incrível, conheci pessoas maravilhosas e o *set* estava igualzinho às músicas que espero ouvir em uma festa. Mas também já fiquei entediado e não foi uma experiência tão boa assim. Ou seja, hoje só saio de casa quando estou me sentindo mais confortável comigo mesmo.

VIAGENS: A frase de José Martí: "Plantar uma árvore, ter um filho e escrever um livro. Três coisas que cada pessoa deve fazer durante sua vida". Eu mudaria para: "Viajar sozinho uma vez na vida, fazer alguma ação para o coletivo e ler um livro são três coisas que cada pessoa deve fazer durante sua vida". Sempre me programei de acordo com a minha disponibilidade e meu orçamento, experimentando viajar sozinho nem que seja um fim de semana para o interior. Depois das viagens, adoro contar aos outros sobre a experiência e perceber eles se apaixonando pelas histórias.

QUEM EU REALMENTE GOSTARIA DE SER?

Quando passamos a ter uma ideia sobre quem somos, fica mais fácil montar um plano para entender quais ferramentas serão necessárias para fazer com que expressemos nossa verdadeira identidade.

— Sou completamente desinteressante! — esbravejo.
— OK. E o que podemos fazer a respeito para que você se sinta interessante para si? — devolve a mente.

Lembro que, todo dia, no caminho para o meu trabalho no hospital pela manhã, eu via um homem caminhando e lendo um livro. Quem anda na rua e ao mesmo tempo lê um livro? Esse homem! Ao mesmo tempo em que eu achava curioso também achava interessante. A percepção sobre mim naquela época era de alguém inseguro e desinteressante. Queria ter histórias para contar sobre viagens, falar dos livros que havia lido, trocar ideia sobre um pouco de cada coisa. Lembro de ter um professor de teatro que falava em toda aula: "Não saibam de tudo, mas saibam um pouquinho de cada coisa". Devo admitir que ao olhar para o passado sinto cheiro de perfeccionismo no meu comportamento, e o que tenho aprendido com a autora Brené Brown é que o perfeccionismo é uma das crueldades que não precisamos cometer com nós mesmos. A sociedade já faz muito isso.

Quem eu realmente seria se nada me impedisse?

Fiz aqui o mesmo exercício do primeiro *date*, para visualizar melhor quem eu desejava ser.

Uma pessoa mais segura, que consegue dizer não.
Uma pessoa interessante, que fala dos livros que lê e daqueles que pretende ler.
Uma pessoa que entende que términos acontecem, fica chateada por eles, mas consegue ser resiliente para lidar com o fim dos ciclos.
Alguém que contou para a família sobre a sua orientação sexual, percebendo-se uma pessoa livre logo depois.
Alguém que cansou da profissão e foi para a outra que queria tanto, mas parecia impossível.
Alguém que terminou um relacionamento abusivo, tornando-se feliz.

O QUE FIZ PARA CHEGAR LÁ

Meu sonho era publicar um livro. Em 2013 tentei um financiamento colaborativo em uma plataforma de *crowdfunding* na tentativa de arrecadar o dinheiro para a publicação em uma editora independente de Porto Alegre. Quem ajudasse, dependendo do valor, recebia uma recompensa pela iniciativa de apoiar o projeto. Fiz acontecer e fui falar com um vereador da cidade dizendo que havia votado nele e que seria interessantíssimo ele apoiar um projeto cultural (eu juro que não sei como eu fazia essas coisas). Envolvi jornalistas, a família, mas o fracasso veio; não consegui o valor necessário. Quando o responsável pelo projeto não consegue alcançar o valor estipulado, todo o dinheiro retorna para a conta de quem apoiou.

Mesmo com um gostinho de amargo na boca após alguns dias, intuitivamente eu sabia que ainda não era a hora, pois não estava pronto. Faltavam algumas coisas.

Alguns meses mais tarde, comprei um iPhone (em uma época em que ninguém tinha iPhone) e o vendi na mesma semana para uma empresa que desenvolvia aplicativos. No nosso acordo, uma parte do pagamento seria a criação de um site profissional (meu blog) e toda a identidade visual da marca. Na minha cabeça, para chegar a uma grande editora, eu precisaria ser visto como um profissional. Muitas pessoas já escreviam na internet, existiam muitas pessoas boas, entretanto, eu precisava, além de escrever bem, conseguir me diferenciar e construir um público que fosse potencial para comprar o livro.

O site ficou pronto, a identidade ficou linda e o blog estourou. Um texto viralizou na internet trazendo mais de 220 mil curtidas para o post. Meu engajamento aumentou, meus números aumentaram e passei a emplacar algumas crônicas no jornal da cidade (Pelotas, RS) e em outros da região. Só que meu blog ficou forte em uma época em que os blogs estavam começando a dar sinal de que perderiam as forças, então não demorou muito tempo para o número de acessos cair bastante.

De forma casual e despretensiosa, comecei a gravar vídeos no meu perfil pessoal do Facebook. Fiz o upload de um para ver como seria o engajamento e foi para mais de 100 mil views em dois dias. Fiquei aterrorizado! Os seguintes também continuavam com a mesma força. Em um belo dia recebi uma mensagem de um cara me perguntando o porquê de eu ainda não ter um canal no YouTube; falei para ele que meu computador era muito ruim, que não tinha câmera, que meu celular mal dava para os vídeos que ele via. Prometendo me ajudar com as edições, ele terminou a conversa dizendo: "Acredite no universo que ele dará um jeito"... E não é que deu? Ou eu dei?! Liguei para a minha avó, fui para o interior do Rio Grande do Sul, quase perto da Argentina, parcelamos uma câmera que custava três vezes mais que o valor dela e ainda tive a sorte de pegar um dinheirinho emprestado com uma amiga para comprar o kit de iluminação com um grande desconto em uma empresa em que eu havia trabalhado.

No dia 26 de dezembro de 2015 eu soltava o meu primeiro vídeo. O primeiro vídeo que tinha como objetivo me ajudar a me ouvir e ser o amor da minha vida e também a publicar um livro. Esse era o meu plano.

Após alguns anos criando conteúdo para a internet, fui chamado para anunciar um espetáculo em troca de uma pauta em um determinado teatro. Racionalmente eu tinha um "Workshop de escrita criativa" para fazer, intuitivamente eu poderia fazer algo a mais. Chamei uns amigos que são artistas, pedi que ajudassem com a preparação do corpo no espetáculo, escrevi o roteiro, liguei para uma amiga que é dona de uma agência para criar a identidade visual e eu, achando que teria que pagar para as pessoas comparecerem, vi os ingressos esgotarem uma semana antes da data...

Ao chegar em casa, dois dias depois, por algum milagre ou barulho no mercado editorial, havia e-mails de três editoras para conversarem comigo sobre a proposta de um livro. E ali, ao olhar para trás, eu entendi que ter criado um plano foi crucial para estar onde estou hoje.

PRECISEI DE UM:

COMEÇO

Ações necessárias para o *start* do processo.

JORNADA

Estar cumprindo com o que é preciso para chegar lá.

OBJETIVO

Alcançá-lo e colher os benefícios da realização.

Se vai dar certo para você, não tenho
a menor ideia. Mas deu por aqui.
Espero que funcione por aí também.

HORA DE PEDIR AJUDA

"Não é o crítico que importa; nem aquele que aponta onde foi que o homem tropeçou ou como o autor das façanhas poderia ter feito melhor. O crédito pertence ao homem que está por inteiro na arena da vida, cujo rosto está manchado de poeira, suor e sangue; que luta bravamente; que erra, que decepciona, porque não há esforço sem erros e decepções; mas que, na verdade, se empenha em seus feitos; que conhece o entusiasmo, as grandes paixões; que se entrega a uma causa digna; que, na melhor das hipóteses, conhece no final o triunfo da grande conquista e que, na pior, se fracassar, ao menos fracassa ousando grandemente."

A coragem de ser imperfeito,
Brené Brown

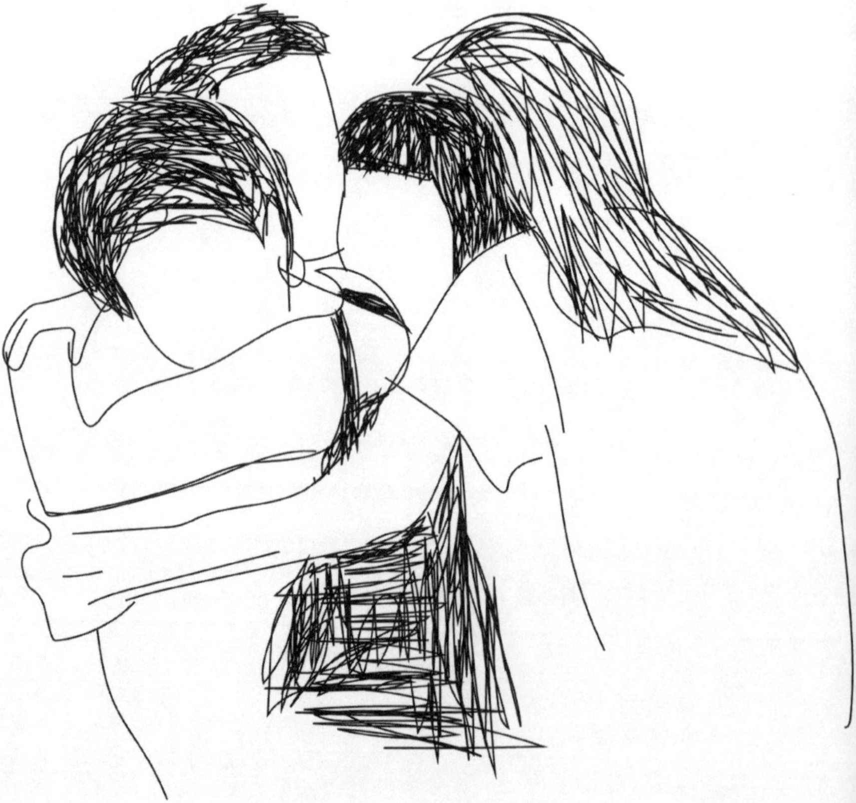

Sou apaixonado por uma série chamada *Anne with an E*, baseada no livro *Anne de Green Gables*, de 1908, escrito por Lucy Maud Montgomery. Anne é uma jovem órfã que passou anos sendo vítima de maus-tratos em orfanatos e, quando finalmente pensa que será adotada, decepciona-se ao perceber que não passava de um engano. Entretanto, com a sua inteligência e sua personalidade inenarrável, o jogo muda e a série começa com uma surra de questionamentos e percepções maravilhosas sobre a vida.

Em um episódio específico, os dois irmãos que adotaram Anne acabam perdendo a colheita inteira da fazenda, e isso quer dizer que ficarão sem dinheiro nenhum por um bom tempo. Como não há outra forma de sustento, é preciso repensar quais são as possibilidades existentes para que eles encontrem uma saída rápida antes que o banco confisque a moradia, já que a casa precisou ser hipotecada e um dos irmãos, também responsável pelo plantio e pela colheita, ficou doente de repente. A família pela qual Anne foi adotada tem como princípio moral não aceitar qualquer tipo de ajuda, pois, para eles, receber caridade soa como se fossem insuficientes, mostrando-se incapazes de se sustentar sozinhos. Há um dilema aí: **a dificuldade de pedir ajuda.**

Parece tão simples, mas para muitas pessoas, como para a família de Anne, seria "assumir o próprio fracasso". O mais curioso da situação é que a perda da colheita não ocorreu por uma má logística ou por qualquer outro problema que fosse da responsabilidade dos fazendeiros, mas por um navio que afundou com tudo, prejudicando-os. Mesmo tendo a consciência de que foi um agente externo, ainda assim a dificuldade se mantinha intacta. **Agora, por que será que é tão difícil pedir ajuda?** Alguns experimentos e estudos falam do medo inconsciente de sermos "expulsos do nosso grupo de seres humanos" por não nos mostrarmos bons o suficiente. No livro *A coragem de ser imperfeito,* de Brené Brown, há um relato de um senhor que diz ter passado seis meses saindo de casa todos os dias, no mesmo horário de ir ao trabalho, mesmo após ter sido demitido. Contar à esposa a verdade seria trágico; e, no fundo, ele sabia que ela também preferia não saber a realidade. Após sair todos os dias no mesmo horário durante um semestre inteiro, o entrevistado finalmente conseguiu um novo emprego, mas nunca revelou a verdade.

Em casa foi diferente. Sempre tivemos a consciência de que era difícil e até mesmo vergonhoso pedir ajuda em alguns casos, mas sempre enxerguei minha mãe se permitindo ser vulnerável e mostrando para nós que ninguém cresce sozinho na vida. Frases como: "Você é o único responsável pelo seu sucesso" não passam de uma falácia. Estamos em sociedade! Quantas pessoas já nos auxiliaram direta ou indiretamente na vida? Desde o pão que buscamos cedo na padaria até uma indicação para uma vaga em uma empresa. Lembro de uma vez que a minha mãe ficou muito doente, trabalhava como professora do ensino infantil e a escola não queria adiantar o salário para comprarmos os remédios. Como a nossa casa sempre foi de artistas, fazíamos umas caixinhas decorativas... Peguei todas elas e saí para a rua para vendê-las. Só que eu era extremamente tímido! Detestava falar com qualquer pessoa desconhecida, quem dirá vender. Em todos os lugares que eu entrava, chorava compulsivamente antes mesmo de conseguir pronunciar qualquer palavra. As pessoas ficavam desesperadas, não sabiam o que fazer. Alguns achavam que era teatro, outros me atendiam... Até que tive a brilhante ideia de vender as caixinhas para a diretora da escolinha e saí de lá realizado, achando que a venda delas não tinha nada a ver com o adiantamento forçado do salário.

Anos depois, em momentos de dificuldade, o desconforto em pedir ajuda nunca sumiu, mas eu não estagnava assim como na época em que saí para vender as caixinhas, mesmo com o medo de ser julgado como alguém inferior. Meu negócio era ir, pedir, arrumar um jeito. Tive a sorte de encontrar pessoas extremamente generosas ao longo da vida e, durante todos os momentos que tive auxílio, também recebi de volta a oportunidade de ser grato genuinamente. Posso esquecer data de aniversário dessas pessoas e, às vezes, até o próprio nome, mas nunca o quanto me ajudaram.

    Na série *Anne with an E*, Anne conhece uma mulher mais velha que tinha fama de não gostar de ninguém, porém as duas se tornam em pouco tempo muito amigas. Quase no fim de um episódio, a senhora, uma mulher abastada, ao saber da situação difícil da jovem, propõe-se a ajudá-la de forma imediata, mas Anne recusa, apegada firmemente aos valores de sua família... Ao chegar de volta em casa e abrir o livro que havia pegado emprestado de sua amiga, encontra dentro dele uma quantia considerável em um envelope com o seguinte recado:

    "Amor não é caridade".

ONDE FUI PEDIR AJUDA

NA PSICOTERAPIA

Tudo começou aos 19 anos, quando comecei a fazer psicoterapia no hospital em que trabalhava. Engraçado, porque, como em uma grande dança, eu era conduzido, ganhando novas percepções e novos jeitos de enxergar a mim e aos outros a cada sessão. Eu sempre disse que o psicoterapeuta empresta os olhos que não temos, mas com o tempo descobri que não é verdade. Ele nos ajuda a enxergar com os nossos olhos. É como se a técnica fosse as mãos dele virando nosso olhar para a esquerda, para a direita, para dentro. Ali, tudo começou a mudar. Comecei a perceber que nada acontecia sem motivos e aos poucos fui pegando os porquês, percebendo-me cada vez mais como um indivíduo complexo que merecia atenção e cuidado.

Meus comportamentos no dia a dia, minha relação com a minha mãe – que por muito tempo pareceu as primeiras temporadas de *Bates Motel* –, meu relacionamento – que trazia várias semelhanças do que conscientemente eu jamais gostaria de reproduzir em uma relação. Foi mais ou menos um ano até eu ganhar alta. Não lembro se nessa primeira vez não trabalhamos diretamente os meus traumas ou se anos mais tarde, quando voltei à terapia, era algo que estava me consumindo havia tanto tempo que não percebi. Porém não deixou de ser essencial para muita coisa mudar internamente.

Falando em psicoterapia, é preciso falar das abordagens terapêuticas. É como se fossem "óculos" que os profissionais colocam para enxergar e nortearem sua condução no tratamento através de um método. Diferentemente do que muita gente pensa, você não está ali simplesmente para desabafar, receber conselhos e pagar por isso. Há toda uma técnica envolvida que, por mais implícita que pareça na sessão, existe e está ali. Psicologia é ciência. Quem irá te aconselhar são seus amigos, seus pais, pessoas que você encontra por aí, baseadas geralmente em um conhecimento de senso comum. Desde os 19 anos, quando fiz terapia pela primeira vez, passei por algumas abordagens: psicanálise, gestalt, psicodrama, terapia cognitivo-comportamental... E saber da existência das abordagens foi importante para entender o método de trabalho, o possível perfil do terapeuta e como o processo costuma ser desenvolvido. Não que um método seja melhor do que o outro, entretanto, dependendo da sua demanda, um ou outro pode ser mais assertivo, já que trabalha com determinadas especificidades.

Já tive experiência de não me sentir confortável com um terapeuta nas primeiras sessões, por exemplo. A química não bateu. Seja porque não senti domínio com pautas LGBTI+ ao ouvir o profissional usando termos antigos como "homossexualismo, GLS", seja também porque no plano de saúde há uma cobrança maior para que os profissionais atendam o maior número de pacientes/clientes em um tempo reduzido. O importante é insistir até encontrar algum profissional com que nos sintamos confortáveis. Eu ainda continuo fazendo terapia e não dispenso aqueles sessenta minutos toda semana que me renovam para as 24 horas dos sete próximos dias.

NA TERAPIA ALTERNATIVA

Dentro de mim eu ouvia um choro por anos, mas no começo não escutava direito, passei a ouvir claramente depois da psicoterapia. Sentia uma criança triste, agachada, com roupas velhas e cinza sentindo frio e fome. Um choro que vinha de dentro do corpo, da alma, de uma porta atrás do peito. Mesmo sem a ver, eu sabia que tudo o que ela queria era uma cama e um Nescau® quente. Um beijo antes de dormir, um abraço com cheiro de gente boa coberta por um edredom limpinho em um quarto seguro. Queria um pouquinho de descanso, ser como alguém da sua idade que é amada, conseguindo respirar sem que a tristeza atrapalhasse.

Mesmo após anos e anos que havíamos fugido, eu ainda continuava sendo cruel com ela. Mesmo fragilizada e triste, eu ainda continuava punindo-a por não ser perfeita, por não conseguir se expressar direito, por tremer em público, por ser tão insegura o tempo tempo. Nos diálogos internos eu ainda maltratava quem precisava de amor. Não acolhia, não me preocupava em entender o porquê daquele comportamento mesquinho, depois de tanto esforço para que ela fosse melhor.

Minha criança interior tinha fome; fome de afeto, de carinho, de autocompaixão. Ninguém além de mim poderia dar o que ela estava necessitando. Foi aí, nessa época, que fui apresentado ao Reiki por uma senhorinha simpática e gentil.

Reiki, de forma resumida, é uma técnica de terapia alternativa que usa a imposição das mãos no paciente, canalizando a energia vital do universo a fim de equilibrar o campo mental e emocional, trazendo benefícios físicos ao corpo tanto para quem recebe como também para quem está aplicando. O Reiki é reconhecido pela Organização Mundial da Saúde (OMS) e também é aplicado no Sistema Único de Saúde (SUS) e em vários hospitais particulares do Brasil como tratamento integrativo e complementar.

Quando comecei a me curar com uma energia limpa, disponível a qualquer momento, fui aos poucos entrando em contato com esse lugar escuro em que por anos só ouvia os choros. Fui aos poucos enviando luz, afeto, amor, *Sei He Ki e Cho Ku Rei* à minha criança interior, percebendo cada dia o corpo promovendo a autocura através da canalização da energia.

MINHA CRIANÇA HOJE É FELIZ

Pelas minhas contas, faz mais de sete anos que sou reikiano, e não parei por aí. Fiz algumas outras terapias alternativas que foram extremamente complementares, atuando em objetivos específicos em cada etapa da minha vida. Não fiz o curso, exceto o *thetahealing*, porém experimentei todas estas:

Thetahealing: É uma ferramenta de cura energética que atua através da onda cerebral Theta, de 4 a 7 Hz, atuando em curas físicas, psicológicas e espirituais.

Constelação familiar: Terapia que analisa as relações familiares, buscando identificar bloqueios emocionais de membros da família e até mesmo de gerações passadas.

Cromoterapia: Usa da vibração das cores no tratamento com o objetivo de equilibrar e harmonizar o corpo físico e energético.

Aromaterapia: Terapia que trabalha com óleos essenciais aromáticos.

Hipnoterapia: Trabalha com um estado alterado de consciência natural ou induzido com um objetivo específico, tendo a consciência e a percepção do momento presente através dos sentidos, alterando comportamentos indesejados.

Reflexologia: Terapia que trabalha os pontos das mãos e dos pés através do toque, buscando corresponder cada ponto a determinado órgão. Seu objetivo principal é normalizar as funções do corpo, aliviar o estresse, a tensão e outras dores.

Barra de access: Esta terapia parte do conceito de que somos formados por diversas crenças e aprendizados no decorrer da vida, e, por meio de sutis toques na cabeça que agem em 32 pontos específicos, é possível eliminar arquivos mentais que não fazem mais sentido.

Massagem tântrica: Primeiramente é bom ressaltar que a massagem tântrica faz parte do Tantra (filosofia que surgiu na Índia há mais de 5 mil anos e que tem influência de várias outras religiões e culturas). O objetivo principal da massagem é proporcionar o autoconhecimento, despertar a energia vital e agir principalmente no campo emocional, criando uma conexão com o prazer.

Body talk: No body talk é analisada a saúde física, emocional e energética, baseando-se na percepção de que todos os problemas enfrentados no dia a dia são sentidos e refletidos de alguma forma em nosso corpo físico, logo precisam ser trabalhados.

Quem sabe você não se interesse por alguma. :)

NA ESPIRITUALIDADE

Cresci roubando pãozinho na Comunidade Santo Antônio, no bairro em que nasci, em Jaguarão, Rio Grande do Sul. Fui até batizado na igreja católica, mas desde bebê também já estava no colo de muita gente da família, comparecendo às palestras no centro espírita. Passei por várias religiões da infância até a adolescência: catolicismo, umbanda, espiritismo, igreja evangélica... Ser eclético me trouxe uma visão 360°, ajudando-me a repensar muitos preceitos e se de fato eles combinavam comigo. O curioso é que mesmo a minha mediunidade se apresentando desde cedo, fazendo-me ver e escutar além da matéria, eu não conseguia me sentir abraçado de uma forma completa, exceto pelos anos que passei na umbanda e sentia um amor imenso ao estar em frente ao congá. Em todas as outras, eu sempre carregava a sensação de que algo faltava, não conseguia abraçá-las de peito aberto. Sentia que eu era um passarinho que gostava de questionar e, mais ainda, de voar. Sentia-me preso.

Desenvolvi por longos anos na umbanda. Foi uma época difícil, mas essencial para minha família fortalecer ainda mais a resiliência e acreditar que éramos capazes de passar por aqueles conflitos. A espiritualidade pode ser extremamente importante nesses casos, pois ajuda a confiarmos em uma melhora, que há um propósito e que nada será em vão. Entretanto, também nunca acreditei que estamos à mercê do destino. Vão existir eventos que fogem completamente do nosso controle, porém é nossa responsabilidade guiar o barco para o objetivo ao qual pretendemos chegar. Não suporto a ideia de que não temos controle, de que tudo está escrito. Gosto da responsabilidade de fazer da minha vida um caos ou a tranquilidade de uma casa no interior. Uma pessoa que sempre admirei e que me ajudou muito a me conectar com a espiritualidade foi Chico Xavier. Passei muitas tardes lendo sobre, aprendendo a entrar em contato com o universo, com Deus, com os mentores, de uma forma genuína, afetuosa e leve. Como se eu estivesse conversando com algum amigo, pedindo ajuda para alguém à minha frente, sem cerimônia, cortejos ou estabelecendo uma hierarquia entre nós. Para quem eu rezava, era parte de mim, presente em um todo. Em dias difíceis, eu sempre lia esta frase do Chico em voz alta:

"É exatamente disso que a vida é feita, de momentos. Momentos que temos que passar, sendo bons ou ruins, para o nosso próprio aprendizado. Nunca esquecendo do mais importante: nada nessa vida é por acaso. Absolutamente nada. Por isso temos que nos preocupar em fazer a nossa parte da melhor forma possível. A vida nem sempre segue a nossa vontade, mas ela é perfeita naquilo que tem que ser".

No fim, era menos difícil passar pelos momentos difíceis, pois me sentia amparado.

COM OS AMIGOS

Desde muito cedo os amigos sempre foram muito importantes para mim. Nós, pessoas LGBTI+, nem sempre temos a sorte de nascer em um lar com pessoas que nos aceitem pelo que somos de verdade. E os amigos acabam se tornando membros escolhidos por nós e pela vida. Quando saí de Pelotas para morar em Florianópolis, fui chorando sem parar até Porto Alegre. Mesmo com um desejo enorme de mudar de vida e me arriscar em um uma nova cidade, deixar minha família e meus amigos sempre foi extremamente difícil para mim. A Ana Paula, uma das minhas melhores amigas, vinha muito à cabeça naquela época. Sempre fomos grudados, a família dela me apoiava em tudo, sempre fomos tratados como irmãos. Mesmo com visões de mundo completamente diferentes, estávamos sempre unidos pelo amor e, claro, pelo deboche. Às vezes quando penso em morar fora do país, sinto que quanto mais velho vou ficando, mais difícil é abrir mão de certas coisas. Não se registra o tempo.

Como eu comecei a trabalhar cedo, aos 15 anos, tenho amigos que fiz no trabalho desde essa época. Tem uma amiga, inclusive, com quem eu me encontrava todos os anos, na mesma data no fim do ano, no mesmo horário, na mesma padaria, por cinco anos seguidos, até ela se mudar de vez para o Rio de Janeiro com o filho e o marido depois que se casou. A minha amiga mais velha tem a idade da minha avó, e mesmo ambas com quase 80 anos têm assuntos e cabeças completamente diferentes. Com os mochilões e o reconhecimento do meu trabalho como comunicador, conheci muita gente de diversos estados através da internet e pessoalmente. Em cada lugar que eu ia, havia alguém muito querido com um cafezinho quentinho me esperando. Lembro que uma vez fui para Belo Horizonte e o casal que me recebeu fazia questão de lavar minha roupa e de me preparar o melhor café possível com queijos e doces. Sem contar um quarto arrumado e cheiroso preparado especialmente para me receber. Fazer amigos e construir vínculos sólidos é desfrutar de um outro tipo de amor, fazendo com que eu não fique dependente apenas de um. É como se eu fosse uma abelha bebendo o néctar de várias flores, fazendo a polinização, promovendo a reprodução das plantas, não apenas pegando o que preciso. No final, todos ganham.

Quando passamos a gastar nossa energia também em fazer amigos, construir vínculos e laços cada vez mais sólidos, mais fácil é para passarmos nossos momentos de adversidade. Ainda que o aprendizado seja nosso, não é necessário cruzar o vale das sombras sozinho. Brené Brown, em seu livro *A coragem de ser imperfeito*, trata de uma pesquisa na qual um psicólogo da Universidade do Texas, professor James Pennebaker, e seus colegas estudaram o que aconteceu quando sobreviventes de grandes traumas – especificamente de estupro e incesto – mantiveram suas experiências em segredo. A equipe de pesquisadores descobriu que o ato de não revelar um acontecimento traumático ou de não confidenciar para alguém próximo poderia ser mais prejudicial do que o próprio acontecimento. Inversamente, quando as vítimas partilhavam suas histórias e experiências, sua saúde física melhorava, as visitas aos médicos eram menos frequentes e elas apresentavam uma queda significativa em seus hormônios do estresse. Ou seja, pedir ajuda e ter amigos pode ser muito mais benéfico do que pensamos. Como diria Monja Coen:

"A vida é como atravessar uma ponte. Nem sempre as pessoas com quem iniciamos a travessia são as mesmas que nos cercam agora ou com quem chegaremos do outro lado. Mas sempre há alguém por perto. Nunca estamos sós".

Apenas me dedico a fazer amigos.
Porque, no fim, eu já terei o suficiente.

CONTANDO COMIGO MESMO

Por quê?
Por quê?
Por quê?

Não interessa o quanto eu tenha me esforçado para entender as coisas ruins e decepcionantes que aconteceram comigo, o aprendizado não veio teorizando sobre os acontecimentos nem tentando entender o porquê, mas olhando para a situação depois de algum tempo, quando o olhar já estava mais sereno e tranquilo. Uma das coisas que aprendi com o tempo foi a perdoar quando me sentisse confortável, quando estivesse pronto. E não perdoar só porque a religião nos ensina que o perdão é divino, mas perdoar para me sentir livre, para cortar a conexão, para enterrar uma mala pesada, para dizer que entrego os pontos e que o universo se encarregue. Às vezes nos sentimos tão injustiçados em algumas histórias, que a única forma de não deixarmos impune quem nos fez mal é não perdoando. Só que a mágoa, aos poucos, vai nos adoecendo por dentro. Vai nos contaminando, matando nosso jardim, até enxergarmos nosso quintal completamente cinza e destruído. Perdoar aqui talvez não seja perdoar o outro, e sim a nós mesmos. Perdoando-nos por tudo. Perdoando-nos pelas falhas. Pelo que fizeram conosco. Perdoando também pela falta de vontade de perdoar. Abraçando nossa história, nossas vulnerabilidades, entendendo que, naquele momento, fizemos o que conseguimos fazer e está tudo bem.

Sempre quando me sinto transbordando, com o peito cheio, antes mesmo de virar mágoa, eu escrevo uma carta inteira direcionada à pessoa. Coloco tudo o que tenho vontade de dizer, sem meios-termos, colocando a data, assinando e me despedindo no final para meu cérebro entender que ali é um fechamento, uma despedida. Em muitos casos, a pessoa destinada nem sempre merece saber como me sinto, por isso, me resguardar também faz parte do processo. No entanto, o exercício ainda fará sentido, ajudando-me a não suprimir as emoções.

Conto comigo sempre.

Mesmo que o outro não me ouça, eu ainda terei me escutado.

SENDO MEU MELHOR AMIGO

"Como você ama a si mesma
é como você ensina todo
mundo a te amar."

Rupi Kaur

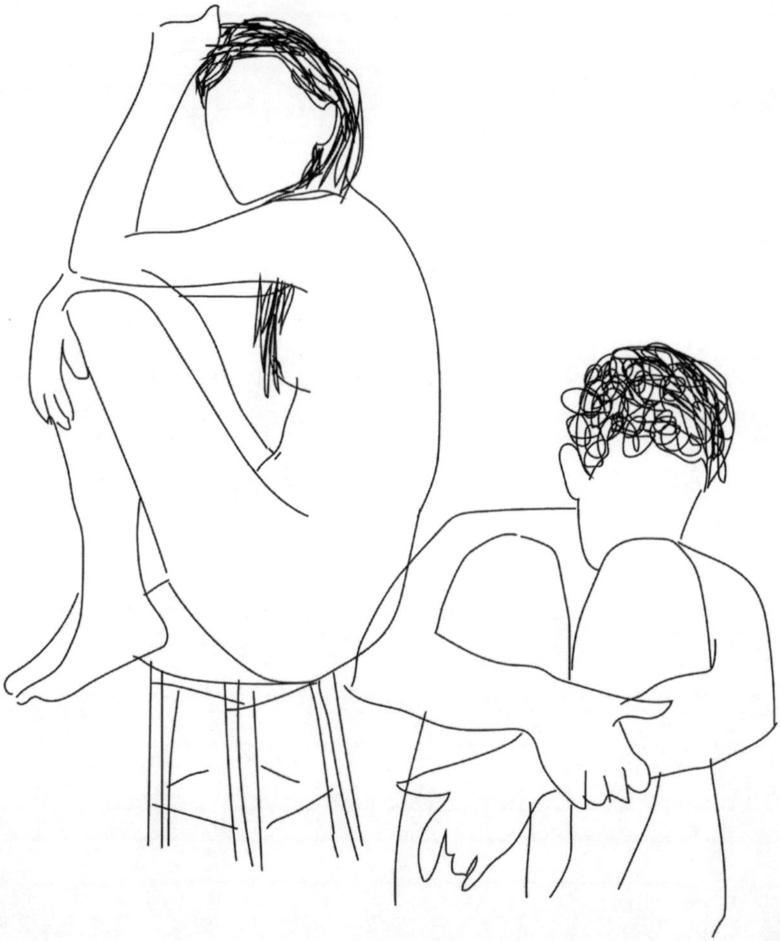

Tem uma conta no Instagram que eu adoro chamada @frasesdecriancas. São vários diálogos de crianças com os irmãos, com os pais, no dia a dia. São uma delícia as conversas, porque trazem o que mais amamos nos menores: a ingenuidade. Nesta conta, tem um diálogo perfeito:

"O Eduardo reclamou:
— Eu não gosto do Rafa.
E o Rafa se defendeu:
— Eu adoro eu.
(Eduardo, 6 anos e Rafael, 3)"

"Eu adoro eu" é tão bonitinho para mim, pois de uma forma muito simples e poderosa simplifica inteiramente a proposta deste livro. Assim como cuidamos dos outros, também devemos usar da mesma dedicação para nos cuidarmos. O que mais me ajudou a fortalecer a relação de amor e cumplicidade que tenho comigo foi começar a me tratar como a pessoa de quem eu gostaria de ser amigo para a vida toda, tratando-me com respeito, cuidado e afeto. Abaixo, listei algumas mudanças que fizeram diferença a curto e a longo prazo:

1
PASSEI A ME TRATAR DA FORMA
COMO GOSTARIA DE SER TRATADO

Uma das grandes mudanças foi começar a me tratar da forma como eu gostaria de ser tratado. Parece simples, mas foi extremamente difícil no começo e, às vezes, ainda é. Eu estava havia muito tempo acostumado com um padrão de tratamento, anos me comportando de determinada forma. Até conseguir não sucumbir à tentação de não me tratar como deveria, demorou um pouco. Um exemplo: eu não falo mais comigo de forma grosseira e estúpida. Não permito isso! Um dia, um amigo muito próximo foi extremamente grosseiro, faltando muito pouco para me chamar de burro. Fiquei indignado, mas, por nos conhecermos há anos, relevei. Cinco minutos depois, o mesmo comportamento, quase pior, aconteceu de novo. Levantei da mesa onde estávamos almoçando e disse que não seria tratado daquela forma e que em outra hora, mais calmo, conversaríamos. Horas mais tarde conversamos, e ele se mostrou arrependido e nunca mais aconteceu nada semelhante.

Assim é no começo dos relacionamentos. As brincadeirinhas, muitas vezes, estão muito mal-intencionadas e podem ser até um teste para ver o quanto você aceita (e se respeita). Lembro de uma amiga que namorava com um cara que todo dia falava do peso dela. Minha amiga é uma mulher generosa, inteligente, linda, bem-sucedida, mas nunca conseguiu enxergar isso, sempre teve uma visão distorcida sobre si mesma e compartilhava com o namorado as inseguranças com o próprio corpo e o quanto a gordofobia chicoteava sua tentativa de construir o amor-próprio. Um belo dia, deitados na cama após transarem, ele olhou para ela e disse: "Eu casaria com você, sabe?! Se você fosse mais magra". Infelizmente, minha amiga, naquela época, ainda não se amava e continuou com ele, mesmo despedaçada por dentro. Entrou na academia, fez dietas por conta própria, corria por quilômetros antes do trabalho... quase teve um colapso! Porque, na cabeça dela, a única peça que faltava era pesar menos na balança.

Algumas semanas depois, ela foi traída no casamento da irmã, pegando o namorado com outra no banheiro. A dor foi tão grande, mas tão grande, que essa história só tem um final feliz porque a família soube acolhê-la da melhor forma, ajudando-a aos poucos a não permitir que alguém a tratasse da forma como vinha sendo tratada. Hoje, anos depois, a gente sai para beber enquanto vejo seu corpo dizer, através dos gestos, o quanto há paz e autocompaixão finalmente ali dentro, mesmo sendo um eterno processo.

NA PRÁTICA

Falo comigo com respeito e com carinho quando faço algo que desaprovo.

Por exemplo:
Deixei a tigela de vidro cair quando fui tirar da geladeira e quebrou, espalhando vários cacos pelo chão... Em vez de dizer: "Seu idiota! Olha o que você fez!!! Desastrado!!! Você nunca presta atenção mesmo, né?!".

Troquei para: "Calma! Realmente vai dar um trabalho juntar e limpar tudo isso aqui, mas você não fez porque quis. Acontece. Está tudo bem!".

Sempre imagino um EU acolhedor, sereno, alguém que me passe sabedoria.
Parecia idiota no começo, mas eu sempre insistia. Há uma grande melhora na forma como nos sentimos nesses momentos e até na mudança da nossa percepção, enfrentando com mais serenidade os momentos caóticos.

2
DEIXEI DE ME REJEITAR QUANDO
A REJEIÇÃO ACONTECE

A primeira coisa que eu fazia quando me sentia rejeitado era fazer exatamente a mesma coisa. A dor da rejeição é uma dor absurda, como se nos cortasse no meio, causando realmente dor física. Pelo menos é assim que eu sinto. Esse processo de dor *versus* fugir dela lembra-me do livro *Admirável mundo novo*, escrito por Aldous Huxley, em 1932, abordando a história de uma sociedade futurista cujos habitantes passam por um pré-condicionamento biológico e psicológico com o propósito de atenderem às necessidades daquela sociedade, adequando-se e aceitando tranquilamente as leis sociais baseadas em um sistema de castas, completamente manipuladas e sem qualquer estímulo de individualidade. Um dos exemplos é o dos bebês que, quando nasciam de castas mais baixas, eram colocados em uma sala com vários livros, sob os cuidados de trabalhadoras. Quando esses bebês por curiosidade iam espontaneamente pegar um livro, levavam um choque. Logo, a experiência de dor afastava-os da procura pelo desejo da informação. É sobre lembrar o quanto realmente foram doloridas algumas experiências que tivemos e o quanto nos fechamos "para sempre" para nunca mais sentirmos aquela dor. E talvez a delícia da vida seja realmente esse amontoado de caos e a oportunidade de levantarmos a cada golpe.

Quando alguém me empurra para o chão, pode ter certeza que eu vou ser o primeiro a me dar a mão para me levantar.

Jamais me punindo por ter caído.

3
LEMBRAR QUE NÃO PRECISO
SER PERFEITO

Lembrar-me de que não preciso correr atrás da perfeição deixa minha vida mais tranquila, fazendo com que eu aproveite mais o processo e não foque tanto na performance. É claro que, quando estamos falando de um ambiente corporativo, esse posicionamento pode ser completamente inviável; no entanto, ir atrás da realização das metas, planejar como deve ser feito e trabalhar como deve ser trabalhado é muito diferente de querer corresponder às expectativas da perfeição a cada movimento. Se o meu objetivo é alcançar o primeiro lugar na lista dos mais vendidos e de alguma forma não consigo, mas a venda continua interessante, já me sinto realizado e não deixo a sensação de "fracasso" me dominar. Fiz o que deveria ser feito. Se não deu certo, olho de novo, traço novas estratégias e me acolho. Todas as vitórias merecem ser comemoradas. E as derrotas, por que não?

4
LEMBRAR-ME DE QUE SEI MAIS DE MIM
DO QUE OS OUTROS DIZEM SABER

Parece que muita gente gosta de definir o outro apenas pela própria percepção, muitas vezes baseada em absolutamente nada. A partir do momento que meu processo de autoconhecimento fica cada vez mais profundo, torna-se muito fácil separar um comportamento meu que seja errado da possibilidade de eu realmente ser uma pessoa má, por exemplo. Certa vez eu estava em um shopping e minutos antes havia recebido uma ligação da minha mãe dizendo que a minha avó não estava bem. Fiquei extremamente chateado e segui para a praça de alimentação para almoçar. No meio do caminho, um fã me abordou com um celular aberto na câmera e pediu para tirar uma foto, já me abraçando... E eu estava tão desorientado naquele momento que pedi desculpas e saí andando rápido com uma vontade absurda de chorar. Quando cheguei em casa, tinha um e-mail furioso dele dizendo que eu era uma completa decepção, um nojento, que havia o tratado da pior forma possível. Aquela era a sua percepção sobre a situação e tudo o que eu poderia fazer era explicar o meu lado da história. Mesmo após contar-lhe sobre o meu dia, ele não entendeu. E, ali, eu tinha duas opções: acreditar no que lia ou usar o meu autoconhecimento. Mesmo que não tenha sido a melhor opção naquele momento, foi o que consegui fazer; e no fundo, eu sabia quem eu era, mesmo ouvindo o contrário.

Lembra do desenho que fiz no capítulo *Quem sou eu de verdade?*

Então, sempre gosto de ter um atualizado por perto.

5
OUVIR MAIS A MINHA INTUIÇÃO

A vozinha interior não necessariamente pode ser espiritual, mas de você para você mesmo. Como se fosse a voz da sabedoria, um grande sábio interno que adquiriu todo o conhecimento até então e é capaz de o aconselhar para trazer alguns *insights*. Como não é muito fácil de discernir se é voz interior, paranoia ou preconceito, nunca baseio minhas decisões apenas na minha intuição, porém a levo muito em conta ao conhecer pessoas, fechar trabalhos... Talvez eu me reconheça como uma pessoa minuciosa, que gosta de observar os detalhes. E nessa observação, ouvindo a minha voz interior, já consegui me livrar de boas dores de cabeça.

CONTINUAR CULTIVANDO

O AMOR QUE SINTO POR MIM

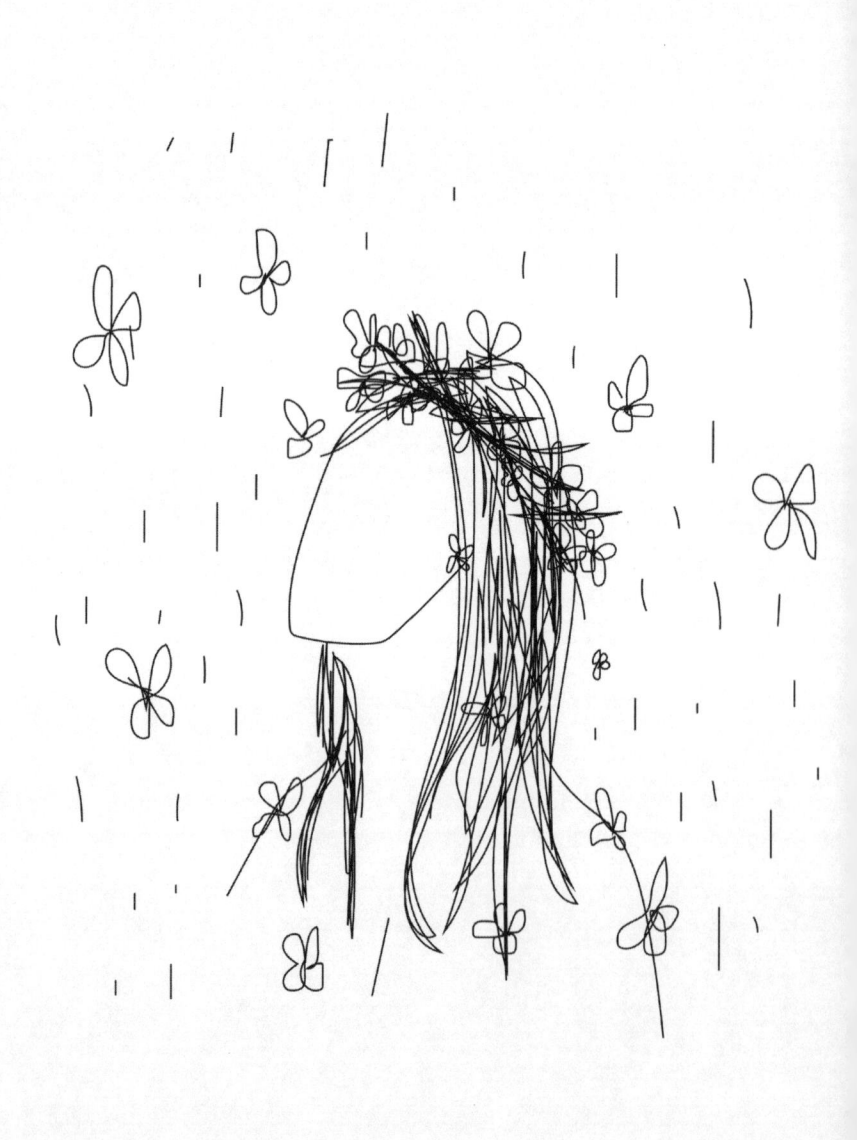

Continuo me levando para sair para parques, cinemas, teatros, restaurantes e museus na minha companhia;

viajo com meus amigos, mas sempre busco uma oportunidade de fazer alguma viagem sozinho, nem que seja em um fim de semana;

reservo momentos para mim na semana, buscando alguma atividade que promova ainda mais o meu autoconhecimento, como ioga, budismo, centro espírita;

leio, pelo menos, dez páginas de algum livro por dia. No fim do mês terei lido um livro de 300 páginas e ampliado meu conhecimento;

faço terapia toda semana;

aplico reiki todo dia;

ouço o que meu corpo está dizendo, tentando interpretar minhas emoções e meus sentimentos;

envolvo-me em alguma atividade social, participando, sempre que possível, de grupos de voluntários, pois é uma forma poderosa de desenvolvermos mais compaixão pelos outros e por nós mesmos;

mantenho uma rotina de cuidados;

mantenho a organização dos compromissos da semana e dos meus ambientes;

continuo cuidando da alimentação, tentando ao máximo ser consciente;

continuo fazendo exercícios, indo ao dentista e ao médico, cuidando da minha saúde;

acolho-me em momentos difíceis;

sou o amigo que eu gostaria de ter.

UM NOVO RETRATO

"Bom, se quer saber... Não posso contar para você. Na verdade, é a única pessoa para quem eu não posso contar... e a que eu mais quero que saiba."

Lisa Kudrow

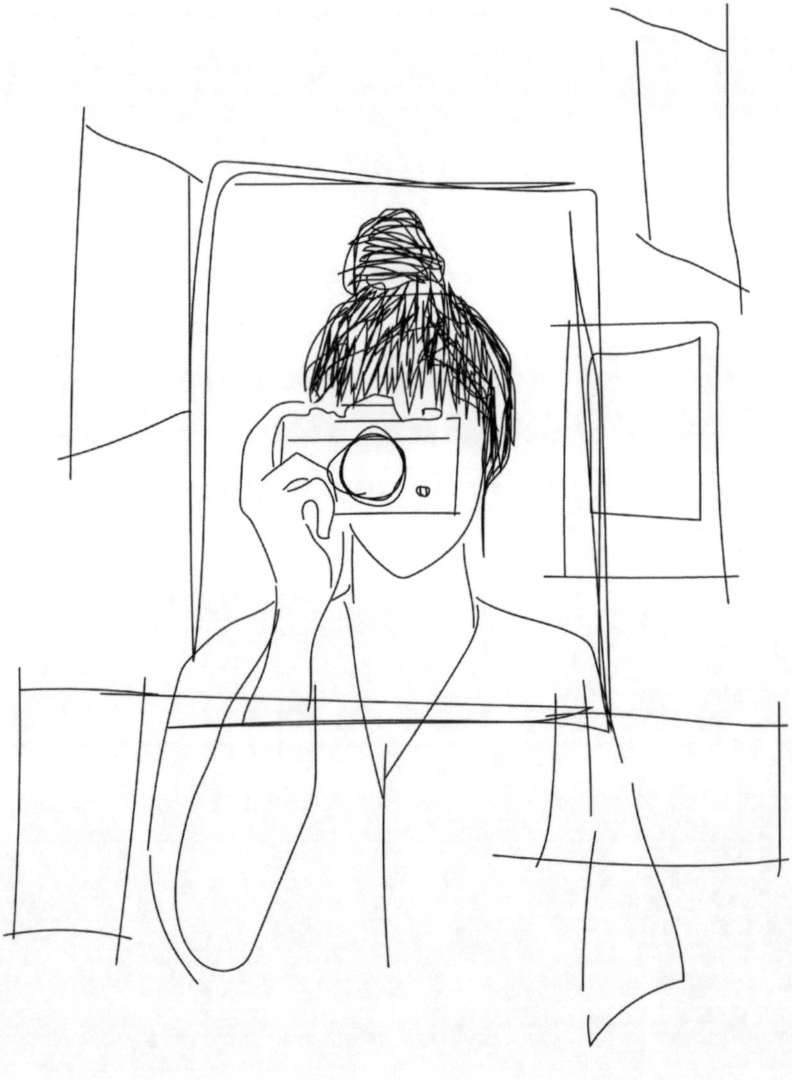

Perguntas que fiz quando senti que havia construído um novo retrato:

Eu gosto de quem vejo no espelho?
Eu me sinto mais confiante?
O que eu ainda posso melhorar?
O que eu preciso trabalhar para me aceitar?
Como é minha relação romântica atual? E as três últimas, como foram?

Respondi todas as perguntas acima em um papel, sendo o mais descritivo possível, guardando em um lugar seguro para ler de tempos em tempos.

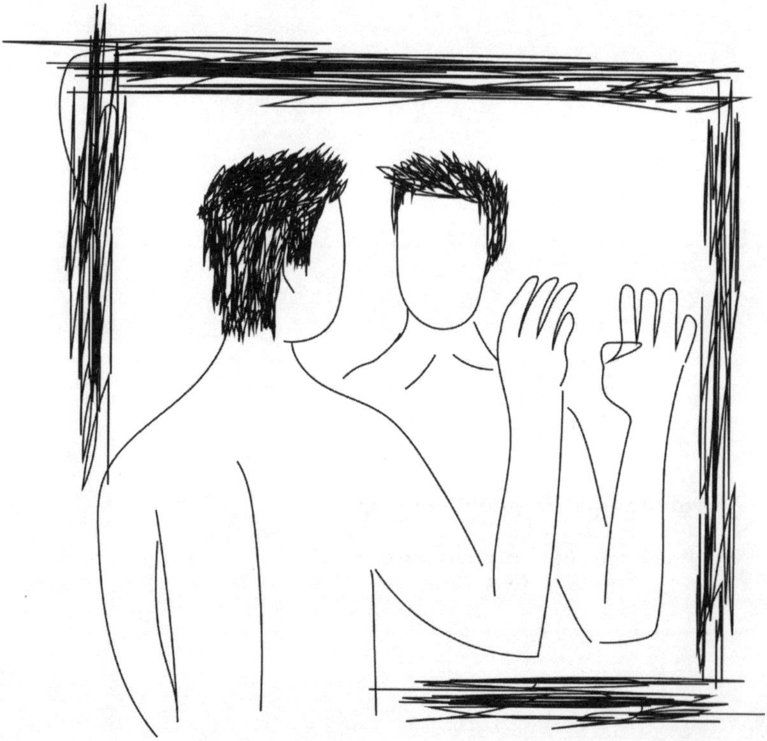

PERGUNTAS QUE FIZ PARA REVER MEU COMPORTAMENTO EM SITUAÇÕES DIFÍCEIS PARA MIM:

COMO ME SINTO AO IR A UM ENCONTRO?

Repensar um pouquinho se:
Estou pensando que vou encontrar o amor da minha vida.

O ideal:
Estou ansioso/entusiasmado para conhecer a pessoa ao vivo e, quem sabe, desejar um próximo encontro.

COMO ME SINTO QUANDO FALAM MAL DE MIM?

Repensar um pouquinho se:
Estou ansioso para desmentir a história para todo mundo.

O ideal:
Estou preocupado, mas seguro de quem eu sou, repensando uma forma de não ser ainda mais prejudicado, caso a situação seja grave.

QUAL O PRIMEIRO PENSAMENTO QUE TENHO QUANDO SOU REJEITADO?

Repensar um pouquinho se:
Eu sou realmente um lixo, não mereço ser amado.

O ideal:
Calma, dói mesmo, é assim. Mas daqui a pouco passa. Respira. (E então me imagino sendo abraçado por mim mesmo.)

QUAL A PRIMEIRA AÇÃO QUE TENHO QUANDO ACONTECE ALGUM IMPREVISTO?

Repensar um pouquinho se:
Que desastre! Sempre acontece tudo errado comigo.

O ideal:
Ok. O que eu posso fazer inicialmente? Vamos pensar.

Ou seja, amor-próprio não é mágica, não faz sumir as dores, não nos blinda das adversidades, tampouco nos traz a sensação de que não precisamos buscar mais nada. Engana-se aquele que pensa que nunca irá sentir a necessidade de ser feliz ao lado de alguém. O que o amor-próprio realmente faz é nos tornar mais gentis com nós mesmos, nos dando a consciência de que não precisamos esperar por ninguém para nos sentirmos amados. E aí entra a dualidade: porque, ao mesmo tempo, precisamos também nos sentir amados. Mas não para validar nossa percepção de autovalor ou para se relacionarem conosco só para nos comprovarem que somos dignos do afeto e da reciprocidade. Quando eu me amo, eu sou esperto o suficiente para saber disso e também para conhecer outras formas, outros jeitos de sentir e beber do amor.

Eu me alimento da amizade sincera dos amigos honestos que me querem bem, da família em que nasci ou que tive a sorte de escolher e/ou ser escolhido, da generosidade de desconhecidos em lugares comuns, das pessoas com as quais me relaciono e tento seguir a vida ao lado delas, do aprendizado que ganho através dos livros, da emoção que sinto nos filmes, das viagens com uma mochila nas costas para visitar a avó no interior do Rio Grande do Sul ou para conhecer a Bahia em dois dias, da loucura que é viver e lutar para ser alguém melhor todo santo dia.

Amar-se é um processo difícil, conflituoso e, às vezes, visto lá do começo, soa até impossível; mas no fim vale a pena. Vale o esforço. Enquanto a democracia é respeitada dentro do corpo, todos merecem ser ouvidos. As emoções não são mais censuradas e torturadas, a individualidade ganha cada vez mais força e tudo o que compõe o que chamamos de EU vota a favor daquilo que é melhor para todos nos momentos difíceis, sem exceção. Amar-se é saber se abraçar com ou sem as mãos. É saber se ouvir. É saber escolher os relacionamentos que deseja tendo a confiança de dizer não para tudo aquilo que o destrói sem precisar carregar o fardo da culpa por isso. Quem se ama ensina aos outros como pretende ser amado sem precisar abrir a boca. Quem tem amor-próprio tem a consciência de que é uma relação como qualquer outra; a única diferença é que se tem a certeza de que, ao precisar voltar para casa, basta um simples olhar para dentro para sentir o acolhimento chegando.

"Feliz aquele que transfere o que sabe e aprende o que ensina."

Cora Coralina

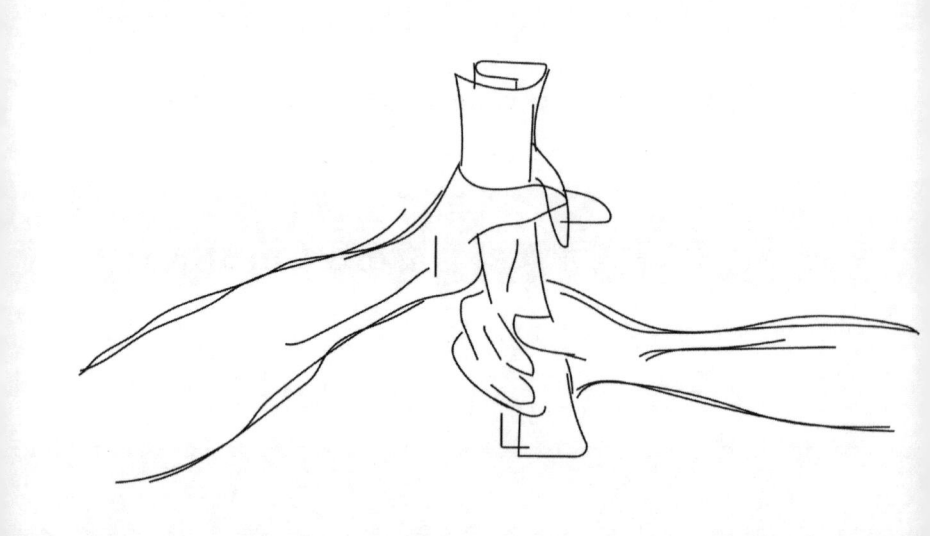

Espero que tenha sido uma boa viagem até aqui.
Muito obrigado por conhecer a minha história.
Espero que você um dia consiga fazer as pazes consigo mesmo.
E que, finalmente, consiga ser o amor da sua vida.

Cada um no seu tempo.
Cada um com seu jeitinho.

**Acreditamos
nos livros**

Este livro foi composto em Mrs Eaves OT e
impresso pela Gráfica Santa Marta para a
Editora Planeta do Brasil em maio de 2021.